LETTRE

DU

CITOYEN CABET

A

L'ARCHEVÊQUE

DE PARIS,

EN RÉPONSE A SON MANDEMENT DU 8 JUIN 1851.

Prix : 30 cent.; — Par la Poste, 45 cent.

A PARIS,

AU BUREAU DU POPULAIRE, 3, RUE BAILLET,

ET CHEZ TOUS LES LIBRAIRES.

A TROYES,

CHEZ VIGREUX, LIBRAIRE.

Août 1851.

LETTRE

DU

CITOYEN CABET

À L'ARCHEVÊQUE DE PARIS,

EN RÉPONSE

A SON MANDEMENT DU 8 JUIN 1851.

Monseigneur,

Veuillez excuser mon ignorance et mon embarras ; je voulais d'abord vous appeler tout simplement *citoyen* ou *monsieur*, parce que je ne suis pas bien sûr que les principes soit de la République soit de l'Evangile et du Christianisme me permettent d'employer envers qui que ce soit l'expression *monseigneur* ou *excellence*. Mais, comme vos bons sentiments me disposent à désirer ne pas vous déplaire, comme je voudrais même vous convertir au vrai Socialisme (pardonnez-moi cette hardiesse ou cette témérité), je me décide à vous dire *monseigneur*.

Monseigneur donc, permettez-moi d'abord de vous exprimer ma joie d'apprendre, en arrivant d'Amérique et d'Icarie en France, après une longue absence, que Monseigneur l'Archevêque de Paris est presqu'autant *Socialiste* que le cit. Cabet, ou que le cit. Cabet n'est guère plus Socialiste que Monseigneur l'Archevêque de Paris.

Vous souriez, peut-être, d'un sourire d'incrédulité !... Hé bien, veuillez relire avec moi ce que vous dites vous-même dans votre mandement du 8 juin 1851, et vous allez voir !...

1851   1

Mais, auparavant, considérons ensemble le danger de la situation présente, et sur ce premier point vous me permettrez de vous dire que je suis parfaitement d'accord avec vous. Vous dites :

« *Le sol tremble sous nos pas*. La sagesse humaine est à bout : elle se déclare vaincue, en présence de cet ébranlement universel. Les plus fermes empires, aux termes des livres saints, *penchent; la Société tout entière*, comme un homme ivre, *chancelle* au bord de *l'abîme* ; et *les Peuples* effarés regardent au ciel avec anxiété, dans l'attente de ce qui *menace le Monde*.

« C'est, nos très-chers Frères, l'impression commune et la *préoccupation générale*. L'effroi trouble jusqu'aux *plus fortes têtes*, et devant cet *épouvantable avenir*, pas un *courage* qui ne défaille. « Les rois s'en vont, » s'écriait, il y a quelques années, un sage de la politique humaine. Chacun répète aujourd'hui que c'est, hélas ! *toute la Société qui s'en va* : le vieil ordre social s'affaisse, *tout tombe, tout se précipite*. Mais, nous le demandons aux plus habiles, après cette *dissolution du monde moral*, lorsque le *chaos* se sera fait, qui dira à la lumière : Sois ! et à l'ordre : Reparais !

« Grand Dieu ! ne pourrons-nous donc pas conjurer la *tempête* qui mugit et s'avance, ni détourner ce *torrent de calamités* prêt à fondre sur nous ? Est-il donc toujours nécessaire, selon le plan divin, de passer à travers les *angoisses de la mort* pour arriver à la vie ? Le retour à l'ordre, à la paix, la rénovation dans la justice et dans le bien ne se font-ils qu'à ce prix ? Nous faudra-t-il les payer, sans aucune remise, par le *bouleversement de la civilisation*, par toutes *les horreurs de la misère* ? »

Vous avez raison, Monseigneur, l'avenir est effroyable, épouvantable : c'est une tempête, un torrent de calamités, un tremblement de terre, un bouleversement, une dissolution, un précipice, un abime, le chaos, la misère et la mort !... Et c'est la Société tout entière, c'est le monde tout entier qui se trouvent menacés !...

.... Et chacun voit l'orage s'avancer.... Et c'est la préoccupation générale ;.... Et les Peuples s'en effraient ; il n'est pas une tête assez forte pour n'en être pas troublée, pas un courage assez inébranlable pour envisager sans défaillance le cataclysme qui s'approche....

Mais n'y a-t-il aucun moyen d'écarter la catastrophe ? Vous avez encore raison, Monseigneur, quand vous ajoutez :

« Dieu a fait toutes les Nations *guérissables*.,.. Il y a donc encore de l'*espoir*, si nous savons appliquer le *remède* au *mal* ; mais quel est le *mal*, et quel est le *remède* ? »

Oui, les Nations malades sont *guérissables,* l'homme est essen-tiellement *perfectible,* et l'Humanité est destinée à marcher sans cesse vers la *perfection....* Oui, le mal n'est pas sans remède. Et ce remède, nous avons tous le droit de le chercher, puisque le mal nous menace tous également. Et ce n'est pas seulement un *droit* pour chacun de nous, c'est un *devoir* envers nos frères si le principe de la fraternité n'est pas un vain mot. Et tous les novateurs, prêtres ou philosophes et savants, Communistes et Socialistes, ne font rien autre chose qu'exercer ce droit et remplir ce devoir, dans leur intérêt personnel et dans celui de l'Humanité. Moi, par exemple, Monseigneur, permettez-moi de parler ainsi, moi, républicain, démocrate, socialiste et communiste, moi qu'on appelle le chef de l'Ecole communiste Icarienne, je consacre mes veilles et ma vie tout entière à chercher ce remède pour les autres autant et plus que pour moi-même ; je le cherche comme vous et avec vous ; et depuis plus de dix ans, pour le trouver, j'ai composé plus de quarante écrits, après avoir consulté tous les philosophes, anciens et modernes, profanes et sacrés. Je puis me tromper sans doute ; mais pour le but, pour l'intention, pour la volonté, vos sentiments pour moi sont certainement les mêmes que mes sentiments pour vous, surtout quand, cherchant le *mal* et le *remède,* vous ajoutez :

« Le MAL? C'est la *haîne* CONTRE NATURE *entre le riche et le pauvre...;* c'est, chez le riche, l'*égoisme* et l'*avarice;* chez le pauvre, l'*envie* et la *convoitise;* chez tous, l'amour effréné des *jouissances materielles;* c'est le *péché* (ou le vice et le crime). »

Oui, je le pense comme vous ; et surtout je pense, avec vous, que la haine entre les riches et les pauvres est *contre nature,* parce que je crois que la Nature ou la Providence a fait l'Homme *sociable,* par conséquent sympathique et affectueux ; je pense que cette haine qui, suivant vous comme suivant moi, ne vient pas de la Nature, vient de la mauvaise organisation sociale qui produit ou favorise et développe l'égoïsme, l'avarice, l'envie, tous les vices et tous les crimes. Et quand je vois Jésus-Christ maudire et condamner si constamment et si énergiquement les richesses, je ne puis résister à la conviction que la principale cause du mal est dans l'existence simultanée de l'opulence pour quelques-uns et de la misère pour le plus grand nombre.

Aussi, je pense encore comme vous, Monseigneur, quand, cherchant le REMÈDE, vous dites :

« Le *remède* est dans la *cessation du péché* (ou du vice et du crime), dans la stricte *observation de la loi divine* (ou naturelle), qui veut l'*amour fraternel* du riche et du pauvre, le *dévouement réciproque*, le respect de *tous les droits*, l'accomplissement enfin de toute *justice*.

« Donc la JUSTICE et la CHARITÉ (ou l'*amour fraternel* ou la *fraternité*), voilà les deux principes qui donneront la solution de la terrible énigme proposée par le sphynx nouveau et des formidables problèmes sociaux.

« Ah ! que la *Justice* et la *Charité* entrent profondément dans nos *lois*, dans nos *mœurs*, dans la *vie sociale ! »

Mais c'est précisément ce que demandent les Socialistes, et surtout les Communistes Icariens, qui prennent pour base de leur Communisme la *Fraternité*, rendue facile par l'éducation et par l'organisation sociale établissant partout l'égalité.

Cependant, Monseigneur, quand il s'agit de chercher le remède vous vous plaignez des dissidences entre les hommes de *science* ou de philosophie, et les hommes de foi ou de religion, et vous condamnez les novateurs qui attaquent la *Religion*, la *Famille* et la *Propriété*.

Puis, vous appuyant sur un *décret du Concile de Paris*, et développant ce décret, vous divisez votre mandement en vingt numéros, en consacrant les premiers à la Religion et à la Famille.

1.

Mais nous, Communistes Icariens, nous n'attaquons pas la *Religion ;* nous nous déclarons chrétiens, vrais-chrétiens ; nous adoptons l'Evangile ; notre Communisme n'est rien autre chose que le Christianisme dans sa pureté primitive, tel que l'avait fait Jésus-Christ qui présentait le principe de la *fraternité* comme renfermant tout, la loi et les prophètes. Notre système doit même nécessairement faire les hommes les plus véritablement religieux, car, dans ce Système, le Peuple, heureux par les bienfaits de la Providence, ne peut plus avoir pour elle que des sentiments d'admiration, de reconnaissance et d'amour.

Pour le *mariage* et la *famille*, comme vous, Monseigneur, nous en faisons la base de notre ordre social ; et nous voulons seulement qu'ils soient purifiés et perfectionnés par l'éducation de la femme comme de l'homme, par la suppression des dots, et par une entière liberté dans le choix d'un époux.

Cependant, jusqu'aujourd'hui, les ennemis du Socialisme se sont obstinés à accuser les Socialistes et surtout les Communistes de vouloir l'abolition du mariage et de la famille, la promiscuité des sexes, la communauté des femmes, le libertinage et la débauche. Mais c'étaient des calomnies, comme celles que les Païens inventaient contre les premiers Chrétiens qu'ils accusaient, vous le savez bien, Monseigneur, de s'abandonner, dans leurs réunions nocturnes, à toutes les erreurs de la promiscuité des sexes, de l'adultère et de l'inceste, en les accusant même d'égorger chaque fois un enfant pour en boire le sang, en les accusant encore de n'être que de la canaille, des barbares, des brigands, des impies, ennemis des dieux et des hommes.... Et ces calomnies contre les Socialistes d'aujourd'hui, on les lance de partout, des journaux, du théâtre, des proclamations officielles du gouvernement, de la tribune législative, et même de la chaire qui ne devrait être jamais qu'une chaire de vérité.

Mais vous, Monseigneur, dominant tous ces excès des passions humaines, ne cherchant que la justice et la charité, vous ne craignez pas de faire cet aveu remarquable :

« Grâce à Dieu, la *Famille n'est pas sérieusement attaquée* au moment où nous sommes. Nous avons assez d'autres erreurs à combattre ; assez d'autres vertiges nous troublent. Il y a bien eu *quelques tentatives* dans ces dernières années ; mais le bon sens, la raison et la pudeur publique en ont fait justice avant même qu'elles n'eussent *achevé* de se produire. »

Et vous devez savoir que j'ai été le premier, peut-être, à combattre ces tentatives, et que j'ai été l'un des plus ardents et des plus énergiques défenseurs du Mariage et de la Famille.

Quant à la *propriété,* vous allez voir que nous sommes d'accord à son égard sur quelques points ; mais je suis fâché de ne pouvoir m'accorder avec vous sur d'autres points, quoique je sois persuadé que nous finirons par nous entendre.

D'abord, je me hâte de vous apprendre (car vous n'avez peut-être pas lu mes écrits) que, dans tous, j'ai déclaré que je ne voulais point de spoliation ; que le 25 février 1848, au début de la révolution, dans une proclamation au Peuple, je lui ai crié *point d'attentat à la propriété,* et que c'est peut-être par l'influence de mes doctrines et de mes exhortations que le Peuple a souvent écrit sur ses bannières : *respect à la propriété.*

De votre côté, Monseigneur, veuillez reconnaître avec moi que, si les habitants d'une Commune, par exemple, voulaient, de leur libre consentement et volonté, s'associer et mettre tous leurs biens en société, pour en faire une propriété sociale et commune, pour travailler, produire, récolter et consommer en commun, rien ne s'y opposerait, ni la loi divine ou naturelle, ni les lois humaines.

Cela posé, raisonnons ensemble avec la gravité, la franchise et la loyauté qui conviennent à un Archevêque de Paris et à un Chef d'école socialiste.

II à V.

Après avoir établi que l'homme peut être déclaré propriétaire ou possesseur exclusif du champ, par exemple, qu'il a défriché et cultivé (ce qui n'est pas contesté), vous dites :

« Jusque là tout le monde est d'accord. Mais ici commencent les difficultés. On objecte que, les hommes étant *frères* et par conséquent égaux, *tous ont naturellement le même droit à toutes choses*, puisque *tout a été donné à tous* par le Créateur. — Cela serait *vrai* sans doute et *possible*, si les objets qui répondent à nos besoins se présentaient à nous tout *préparés* et que nous n'eussions *aucune peine* à prendre pour les chercher et les disposer à notre usage. »

Ainsi vous reconnaissez, Monseigneur, que, en vertu du principe de *Fraternité* entrainant celui d'*Egalité*, et par l'effet du premier don de la Nature ou du Créateur, qui a donné *tout à tous*, la Communauté des biens serait vraie, juste et possible, si la jouissance ne devait être précédée par aucun travail. Je prends acte de votre aveu.

« Mais la terre, ajoutez-vous, ne produit que par les efforts de la *culture*. La *condition du travail* vient s'ajouter à la première occupation pour *légitimer la propriété* d'un objet.... L'homme a le *droit de possession* sur toutes les choses *nécessaires* à sa conservation et au développement de sa vie, *pourvu qu'elles ne soient pas déjà occupées* par d'autres, et toujours à *la condition de se les approprier par le travail....* On ne peut alors lui *enlever* sa possession sans violer la *justice* et l'*équité.* »

Bien, Monseigneur, vous exigez trois conditions : 1° *occupation* d'une chose non encore occupée ; 2° *travail* pour utiliser la chose ; 3° chose *nécessaire* à la conservation du travailleur occupant. Et vous entendez sans doute que l'occupation sera réelle, qu'elle sera réalisée par le travail ou la culture, et qu'elle ne se réduira pas à enclore un vaste terrain dont une grande partie serait du superflu et ne serait pas cultivée, surtout si ce superflu était nécessaire pour d'autres qui ne trouveraient plus rien à occuper ailleurs. Vous entendez sans doute que tous les enfants du Créateur pourront trouver à occuper et à cultiver ce qui sera nécessaire à leur existence. En un mot, vous n'entendez pas que l'un des frères aura le droit d'occuper du superflu quand l'autre frère ne pourra trouver ailleurs le nécessaire. En un mot, vous admettez tacitement une quatrième condition, que personne n'aura du *superflu* au préjudice de frères qui manqueraient du *nécessaire*. Alors nous sommes d'accord : et si tous les enfants du Créateur avaient, dans ses dons et ses bienfaits, une part à occuper, à travailler et à cultiver ; si chacun avait le nécessaire ; si personne n'avait de superflu au dépens des autres et ne consommait sans travailler ; personne ne réclamerait.

Mais est-ce bien là la situation des choses et la répartition des dons du Créateur entre tous ses enfants, dans les Sociétés anciennes et modernes ? Toutes les propriétés ont-elles été légitimement acquises, par la première occupation, par le défrichement, la culture et le travail, sans violence, sans conquête, sans usurpation, sans spoliation et sans vol ? Tous les propriétaires légitiment-ils leur possession par la culture et le travail, sans oisiveté ? Personne n'a-t-il de superflu, un monstrueux superflu? Tous les enfants de Dieu ont-ils la propriété nécessaire, et tous ont-ils même le travail qui pourrait les faire vivre ?

Votre cœur humain, généreux, chrétien et fraternel, Monseigneur, n'est-il pas déchiré quand vous voyez, dans la grande famille du Créateur, tant d'infraternité et d'inégalité, tant de mains pleines et tant de mains vides, tant de possesseurs sans travail et tant de travailleurs sans propriété, tant d'opulence inutile ou de superflu chez quelques-uns et tant de misère dans la masse..... ?

Vous ne pouvez ignorer, vous Archevêque de Paris, vous presque Prince de l'Eglise française, vous ne pouvez ignorer les cris de l'antiquité, même avant Jésus-Christ, contre l'opulence et la misère, ni surtout les anathèmes de Jésus-Christ, qui disait à un jeune riche : « Vendez vos biens, donnez-en le prix aux pauvres et suivez-moi. » qui disait aussi « qu'il était plus facile à un cable de passer par le trou d'une aiguille qu'à un riche d'entrer dans le royaume de Dieu »; et qui condamnait un Seigneur à l'enfer tandis qu'il envoyait Lazare (le pauvre) en Paradis....! Vous ne pouvez non plus ignorer ces remarquables paroles de M. Guizot :

« C'est l'esprit du temps de déplorer la condition du Peuple : mais on dit vrai ; car il est impossible de voir sans une *compassion* profonde tant de créatures humaines *si misérables*. Cela est *douloureux*, très-douloureux à voir et à penser ; mais il faut y penser, y penser sans cesse, car à l'oublier il y a *tort grave* et *grave péril.* »

Et vous pensez aussi, Monseigneur, qu'il y a tort grave et *grave péril* ; car, au commencement de votre mandement, vous reconnaissez que le mal social qui menace d'amener un cataclysme vient de la haine qui existe entre les riches et les pauvres, haine qui vient elle-même de l'égoïsme et de l'avarice chez les premiers, de la convoitise et de l'envie chez les seconds, c'est-à-dire du superflu chez les uns et de la misère chez les autres.

Vous n'ignorez sans doute pas non plus ces paroles de M. *Blanqui*, prouoncées devant l'Académie des sciences morales et politiques, dans un compte-rendu sur l'état des populations rurales en France :

« Quelque diversité qui existe dans le sol occupé par les populations, dans leurs mœurs, dans leurs aptitudes, le fait dominant et caractéristique de leur situation, c'est la détresse, c'est tout au moins l'insuffisance générale des moyens de satisfaire aux premières nécessités de la vie. On est surpris du peu de consommation faite par ces myriades d'être humains. Ces millions d'hommes forment pourtant la majorité des contribuables, et la plus légère élévation dans le niveau de leur fortune, non-seulement leur profiterait à eux-mêmes, mais élèverait à une hauteur immense le niveau de toutes les fortunes et la prospérité de l'Etat.

« On ne saurait écrire, à moins de l'avoir vu comme nous-même, de quels chétifs éléments se composent le vêtement, l'ameublement et la nourriture des habitants de nos campagnes. Il y a des cantons entiers où certains vêtements se transmettent encore de père en fils, où les ustensiles de ménage se réduisent à quelques misérables cueillers en bois, et les meubles à une banquette ou une table mal assise. On compte encore par centaines de milles les hommes qui n'ont jamais connu les draps de lit, d'autres qui n'ont jamais de souliers, et par millions ceux qui ne boivent que de *l'eau*, qui ne mangent jamais ou presque jamais de *viande*, ni même du *pain blanc.* »

Et ces malheureux sont les cultivateurs, précisément ceux-là dont le travail et les sueurs fécondent la terre et font vivre l'Humanité, ceux-là même à qui vous désirez que le travail assure des propriétés...!

Cependant, Monseigneur, tout en confirmant qu'on ne peut pas *enlever*, vous paraissez vouloir défendre et perpétuer le droit de propriété tel qu'il existe aujourd'hui, malgré les vices et les dangers que vous lui reconnaissez, et vous prétendez qu'il est la *justice* même et la *base de l'ordre social.*

Mais il y a ici une grande méprise, un grand malentendu entre nous, et je ne doute pas que nous serons bientôt d'accord après un rapide examen.

Vous dites que la Propriété est la base de la Société. — De la Société actuelle, oui ; elle est basée sur la Propriété *individuelle* ; mais pourquoi plusieurs premiers occupants ne pourraient-ils pas mettre volontairement leurs diverses propriétés en commun pour en faire une seule propriété *collective, sociale* et *commune*, s'ils trouvent plus avantageux à chacun d'eux de la posséder, de la travailler et de l'exploiter ensemble? En quoi cette mise en commun est-elle contraire à l'*équité naturelle* et à la *justice?* Cette jouissance commune, entre un père et ses enfants, entre des frères dans une petite famille, n'est-elle pas plus conforme à la volonté du Père de tous les hommes? Et ce que peut faire légitimement une petite famille ne pourrait-il pas, tout aussi légitimement, se faire entre les habitants d'une Commune (comme d'un Monastère), ou d'un grand territoire (comme l'ont fait les jésuites au Paraguay), et même dans la grande famille humaine ?

Oui, convenez-en, Monseigneur, la *Propriété commune* peut, tout aussi bien que la Propriété *individuelle*, servir de base à une Société; la première ne blesse pas plus que la seconde l'équité naturelle et la justice ; ce sont *deux systèmes de Propriété* entre lesquels un Peuple peut choisir en préférant l'un ou l'autre suivant son intérêt. Quel est celui des deux systèmes le plus capable d'assurer le bonheur de la Société et de ses membres, voilà, je crois, toute la question.

Et je me plais à reconnaître avec vous que la mise en commun des propriétés doit être parfaitement libre et purement *volontaire*, que même un Peuple peut préférer le système de la Propriété *individuelle* tandis qu'un autre peut préférer le système de la Propriété commune, et que le même Peuple peut substituer pour lui l'un à l'autre système, quand tous les citoyens y consentent. Mais vous m'accorderez aussi qu'Icarie a le droit d'adopter la Propriété commune quoique la France veuille conserver la Propriété individuelle.

Vous dites que la propriété travaillée par le premier occupant ne peut pas lui être *enlevée* sans violer l'équité et la justice. Et je suis de votre avis : je ne veux pas qu'on *enlève*....; je ne veux ni pillage, ni spoliation, ni rapine ; je ne désire rien que par le consentement individuel et par la volonté sociale ou nationale : mais soyons justes, est-ce que partout, dans les temps de guerre et de conquête, les propriétés n'ont pas été *enlevées* par le conquérant aux travailleurs, premiers occupants ou à leur postérité qui les avaient toujours cultivées ? Est-ce que rien n'a été *enlevé* à tant de millions de prolétaires, qui naissent et meurent dans la misère ?

Vous invoquez la *justice* pour préférer la Propriété individuelle à la Propriété commune ou sociale; mais je vous le demande de nouveau, quand la Propriété commune est consentie par les propriétaires qui s'associent librement pour l'exploiter en commun, qu'a-t-elle de moins *juste* que la Propriété individuelle ? Et si celle-ci, dans un temps plus ou moins éloigné, a été acquise par la conquête ou le vol, n'est-elle pas moins légitime ? Et pouvez-vous contester que le passé renferme dans ses flancs d'innombrables injustices ?

VI.

Vous invoquez vivement la *définition de la justice* qui est : *rendre à chacun le sien*, ce qui lui *appartient*, ce qui lui est *dû....* Mais cette définition, adoptée par les Romains, a été faite pour le système de l'individualisme préféré par eux, et non pour le système du communisme, qu'ils ne connaissaient pas ou qu'ils ne voulaient pas admettre. Encore, pourrait-elle convenir pour le Communisme, car dans la Communauté chaque membre a des droits, quelque chose qui lui appartient ou qui lui est dû et qu'on ne peut pas lui ravir sans injustice. Et dans le système individuel, si vous voulez appliquer la définition de la justice, que de choses *enlevées* qui sont *dues* ou qui sont à *rendre* !

Vous dites que si *tous ont droit à tout*, il en résulte que *personne n'a droit à rien* : mais la conséquence est-elle juste ? Souffrez que je le nie, Monseigneur : il en résulte que personne n'a un droit individuel et *exclusif,* mais il n'en résulte nullement que personne n'a aucun droit personnel et *commun.*

Vous dites que, quand tous ont droit à tout, il *ne sert plus de rien de travailler* et qu'ainsi la Communauté c'est la ruine du *travail,* de l'*industrie,* et par conséquent de la Société. — Mais y pensez-vous, Monseigneur ? Comment pouvez-vous croire que des hommes raisonnables, qui auront mis leurs biens en commun pour les mieux travailler, ne sentiront pas que le travail est une nécessité pour eux; que personne ne travaillerait si quelques-uns voulaient rester oisifs, qu'alors tous périraient de faim, et par conséquent qu'il leur *sert de beaucoup* de travailler tous. Ils travailleront d'autant plus certainement qu'ils ne manqueront pas de prendre tous les moyens de rendre le travail court, facile, sans fatigue, sans dégoût et sans danger, en multipliant les machines, puisque c'est leur intérêt à tous.

Vous ajoutez que, avec la Propriété commune il n'y a plus d'*échange* ni de *commerce*. Mais je vous demande pardon, tout est alors en réalité *échange*, car *chacun travaille pour tous, et tous travaillent pour chacun*; chacun échange réellement son travail et ses produits contre le travail et le produit des autres, sans s'en occuper et sans jamais craindre un refus; et c'est un des immenses avantages du système de la Propriété commune. — Quant au *commerce*, il est vrai qu'il devient inutile, remplacé qu'il est par une distribution générale et gratuite des produits recueillis en commun; mais on supprime son égoïsme, ses fraudes, sa concurrence, ses chances de ruine, ses procès et ses soucis; et c'est encore un immense avantage :

« Nous ne voyons *plus à quoi pourraient s'employer sérieusement*, activement, les membres d'une pareille Société, sinon à *dévorer* avec ardeur le bien commun, en *consommant* de toutes leurs forces et en *produisant le moins possible*. Dans cette fureur de jouissance et de consommation dont tous seraient possédés, personne évidemment ne serait satisfait de son partage. Alors, partout une effroyable *discorde* : des *querelles* on passerait aux *rixes violentes*, des rixes violentes aux *guerres générales d'extermination*; et après que tout serait dévoré, les terres et le travail ne donnant plus leurs fruits, il ne resterait aux rares survivants de cette effroyable *anarchie* qu'à *mourir de faim.* »

Mais, Monseigneur ! on vous a trompé; il n'y a rien de vrai dans ce tableau qui vous afflige; c'est une pure invention, une pure imagination, une chimère! Venez en Icarie, et vous aurez du plaisir à y voir tout le monde travailler et produire, sans rien dévorer, sans rixe violente, sans guerre civile d'extermination et sans famine.

VII.

Vous préférez la formule *à chacun selon ses œuvres*, d'après laquelle *chacun doit recevoir en raison de ce qu'il fait* : mais cette formule est-elle pratiquée dans la Société actuelle? Ne sont-ce pas souvent ceux qui travaillent le moins qui reçoivent et consomment le plus et qui dévorent les produits des travailleurs, comme vous le disiez ?

Notre formule : *à chacun selon ses besoins*, qui s'applique aux malades et aux infirmes, comme aux autres, n'est-elle pas plus simple, plus juste et plus fraternelle ?

« Mais alors, dites-vous, le *paresseux* recevra *autant* que celui qui travaille, le *débauché* autant que l'ouvrier honnête, celui qui ne produit rien autant que celui qui produit le plus. Il recevra même *davantage* ; car il consommera plus, en raison de son oisiveté, du développement de ses appétits, et du temps qu'il met à les satisfaire.... »

Mais n'est-ce pas précisément ce qu'on peut reprocher au système actuel de l'individualisme. Tout cela n'est-il pas applicable aux opulents des temps passés, présents et futurs ? Un homme opulent, une femme opulente ne consomment-ils pas, pour leur nourriture, leur vêtement, leur logement, leurs plaisirs, plus que cent et mille prolétaires, qui travaillent sans consommer presque rien ?

« La doctrine que nous combattons ici ne dit plus : « A chacun selon son travail ; » mais : « *A chacun selon ses besoins ;* » c'est l'axiome fondamental de la *nouvelle morale*. Or, comme ceux-là ont en général le plus de besoins, *réels ou factices,* qui sont le moins occupés, il suit que l'équité, dans cet ordre de choses, consisterait à *donner le plus à ceux qui font le moins*, et par conséquent à nourrir les *fainéants* et les *dissipateurs* des sueurs et de la substance des citoyens laborieux et honnêtes. Voilà la justice qu'on voudrait nous faire ! »

Non, non, Monseigneur ! Vous ignorez donc que, à côté de cet axiôme : *A chacun suivant ses besoins,* nous plaçons cet autre axiôme : *de chacun suivant sa force ou ses facultés* ; que pour nous le devoir est inséparable du droit ; et que chez nous il ne peut y avoir ni fainéants, ni débauchés, ni dissipateurs, parce que tout est arrangé pour qu'il n'y en ait pas? C'est chez vous au contraire, avec la Propriété individuelle, que se trouvent en masse, depuis le commencement du monde, les oisifs avec l'opulence, les fainéants et les débauchés et les dissipateurs. Je suis bien fâché de vous voir prendre ainsi le contre-pied de la vérité et de vous voir faire tant d'efforts pour perpétuer l'injustice et l'immoralité sociale.

VIII à XIII.

Pour mieux établir encore le droit de Propriété individuelle, Monseigneur, vous invoquez la Bible, le décalogue, les prophètes et les livres sacrés, qui reconnaissent indirectement ce droit de Propriété, en recommandant le *travail*, en flétrissant le *vol* et la *paresse*. Mais est-ce que tout cela n'a pas été fait pour *l'ancienne loi* de Moïse seulement? Est-ce que Jésus-Christ n'a pas apporté une *loi nouvelle* introduisant la Propriété commune? Est-ce que les voleurs et les paresseux sont rares dans l'individualisme? C'est précisément au contraire parce que la Propriété individuelle provoque au vol et produit la paresse au profit des opulents que nous préférons le Communisme ou la Propriété commune, qui prévient le vol et la paresse !

Vous avez bien raison, Monseigneur, de condamner l'*esclavage* et le mépris antique pour les *ouvriers ;* mais est-ce que ce ne sont pas des antiques compagnons de la Propriété individuelle ? Est-ce qu'ils ne marchent pas d'accord, même aujourd'hui dans beaucoup de pays, avec cette Propriété mère ou fille de l'égoïsme ? C'est le Communisme, au contraire, basé sur la fraternité, proclamé par Jésus-Christ, qui rend à l'homme sa liberté, au travailleur sa dignité !

Pour justifier le 'droit de Propriété individuelle, vous invoquez le droit *d'hériter* reconnu par les livres sacrés ; mais, Monseigneur, les textes que vous citez ne s'appliquent qu'aux *enfants*, qui généralement ont aidé leur père à cultiver le champ de la famille; et les enfants sont encore bien plus avantagés dans le système de la Propriété commune, puisque tous, comme leur père, sont nourris, vêtus, logés, élevés, etc., par la Communauté. — Vous ajoutez :

« L'abolition de l'esclavage, puis du servage, puis du droit d'aînesse, sont autant de transformations ou de modifications parfaitement *légitimes* de la Propriété ; parce qu'elles ont été réclamées par le progrès des temps et les besoins de la Société, et qu'elles sont plus conformes, soit aux principes éternels de la *justice*, soit à l'esprit *d'amour et d'égalité* qui est l'esprit de l'Evangile. »

Mais, Monseigneur, pourquoi la transformation libre et volontaire de la Propriété individuelle en Propriété commune serait-elle moins *légitime* que l'abolition du droit d'aînesse, longtemps approuvé par l'Eglise et reconnu sacré? Puis, est-ce que le Communisme, dans lequel tous les associés sont égaux, n'est pas plus conforme à la Fraternité évangélique que l'individualisme, qui admet des pauvres et des riches qui se haïssent contrairement aux préceptes du Christianisme?

Je suis de votre avis, Monseigneur, quand vous avouez qu'il faudrait fermer les yeux à la lumière pour ne pas apercevoir les *abus* et les *lamentables maux* enfantés par la Propriété individuelle. Nous pourrions en faire ensemble une liste d'une énorme longueur, sur laquelle figureraient souvent les propriétés ecclésiastiques.

Mais alors, permettez-moi de vous dire : remédiez à ces abus et à ces lamentables maux ! Pourquoi le Clergé en a-t-il créé la plus grande partie pour en profiter lui-même ? Pourquoi n'y a-t-il pas remédié depuis longtemps ? Quels remèdes apportez-vous vous-même ? Où est votre liste des remèdes que vous indiquez dans l'intérêt du Peuple et de l'Humanité, pour éviter l'opulence et ses vices, la misères et ses crimes, la haine, la guerre et le cataclysme ? Si vous aviez apporté des remèdes réels et efficaces, on vous aurait laissé la gloire d'être les réformateurs, les sauveurs et les bienfaiteurs de la Société. Mais vous vous contentez de dire que vous *honorez le travail et l'Ouvrier*, et de lui recommander de n'être pas *paresseux ;* en un mot, vous n'apportez aucun remède, rien ! et alors il faut bien que d'autres acceptent le difficile rôle de *réformateurs.* — Je suis fâché, Monseigneur, de voir que vous les attaquez et comment vous les attaquez.

XIV.

« Quelques réformateurs modernes de la Propriété n'en ont vu que les *abus ;* ils les ont merveilleusement observés et constatés ; ils les ont même exagérés ; et pour y *remédier*, ils n'ont pas trouvé de *meilleurs moyens* que de la *détruire*. La *Société* est atteinte d'un *mal profond :* quel est le *remède* qu'ils proposent ? Ils veulent la *tuer* pour la *guérir ! »*

Non, Monseigneur ! Depuis longtemps les réformateurs proposent beaucoup de remèdes partiels ; mais les conservateurs de tous les abus ne veulent rien entendre quand on parle de réformes.

Quand même les remèdes proposés auraient été des remèdes héroïques, était-ce une raison pour refuser de les examiner et de les appliquer s'ils étaient nécessaires pour le salut du malade ? Est-ce que l'Eglise recule devant les remèdes héroïques ? Est-ce que la suppression du Paganisme, de l'esclavage, de la noblesse, du droit d'aînesse, de la dîme, etc, a fait peur à la Réforme ?

Mais comment d'ailleurs pouvez-vous dire que les réformateurs modernes veulent *détruire* la Propriété, quand ils ne demandent qu'à la modifier, à la corriger, à la débarrasser de ses *abus*, à la purger des poisons qui causent de *lamentables maux*, quand le Communisme lui-même ne veut que la transformer en la rendant commune au lieu de la laisser individuelle, pour l'améliorer, la perfectionner et la rendre plus utile à tous les membres de la grande Famille humaine ?

Et comment pouvez-vous confondre la *Société* avec la propriété et dire que les Réformateurs de la Propriété veulent *tuer la Société*, quand ils ne veulent que la guérir et la sauver, en corrigeant une institution qui compromet son existence par des abus et de lamentables maux qui la blessent profondément... ?

« Ces réformateurs prétendent constituer une Société *parfaite, glorieuse, pleine de félicité*, telle que nous pouvons l'imaginer dans le ciel. Mais pour cela il faut *détruire la Propriété*, qui, à leur sens, est la *source de tous les crimes* et de tous les *malheurs* de la race humaine, outre qu'elle est une *monstruosité morale* par *l'inégalité* qu'elle établit entre les hommes. Cependant, comment s'y prendre pour *constituer cette Société nouvelle* et pour la faire vivre ? Il y a deux moyens, selon eux : ou que *personne ne possède*, ou que *tous possèdent également*. Ce sont les *deux systèmes* du *Socialisme*, comme ils l'entendent. Examinons rapidement ces *deux systèmes*, si vraiment de telles conceptions, de pareilles *rêveries*, méritent ce nom. »

Ainsi, voilà les deux Systèmes du *Socialisme*, c'est-à-dire le *Socialisme* général, en admettant qu'il veuille la Propriété individuelle pour tous également et le *Communisme* qui veut bien la Propriété avec l'égalité, mais la Propriété sociale et commune. Et je vois avec plaisir, Monseigneur, que vous allez examiner et discuter ces deux Systèmes. Je vois avec plaisir surtout que vous rendez justice aux défenseurs du Socialisme en reconnaissant qu'ils cherchent à constituer une *Société parfaite, glorieuse, pleine de félicité :* vous ne les excommunierez sans doute pas pour leurs intentions ! Mais, je vois aussitôt avec chagrin que vous débutez dans votre examen en flétrissant ces Systèmes comme des *rêveries* indignes du nom de *Systèmes*. Cependant j'aime à croire que cette flétrissure est irréfléchie et pour ainsi dire involontaire ; car vous ajoutez aussitôt :

« Qu'il soit bien entendu d'abord que nous ne voulons point improuver ici le *Socialisme* véritable, si l'on veut donner ce nom à cette tendance généreuse qui pousse quelques hommes d'un zèle pur et désintéressé à chercher *l'amélioration de la Société* dans ses institutions, dans ses lois, dans ses mœurs, dans le bien-être de tous et particulièrement *des classes laborieuses*, tendance chrétienne et louable, digne de nos encouragements quand, ne se ̀re réduisant pas à des *Systèmes* et *à des phrases*, elle cherche sincèrement et avec persévérance les moyens ̀les plus propres à réaliser le *progrès social*, en procurant à leurs semblables une plus grande somme de bien, soit de l'ordre moral soit de l'ordre matériel. »

Or, c'est là précisément ce que je désire avec vous, Monseigneur ; il n'y a pas une de vos paroles que je n'adopte complétement avec vous ; et si le Gouvernement et tout le monde étaient aussi Socialistes que vous, je ne voudrais pas l'être davantage, puisque le progrès amènerait certainement toutes les améliorations sociales.

Il est vrai que vous ne voudriez perfectionner la Société que *peu à peu* et *lentement*, et que vous semblez désapprouver les hommes qui prétendent posséder un *Système* non encore *connu* ou *pratiqué*, qui devrait changer complétement l'état social actuel et remplacer l'*ancien monde* par un *monde nouveau*. — Mais quoique je sois un de ceux qu'on appelle chefs d'école et hommes à Systèmes, quoique je sois signalé comme proposant le Système le plus radical, je puis vous affirmer que je ne désire que ce qui est possible, raisonnable, juste et capable d'assurer le bonheur du Genre humain.

Trop d'autres ne combattent le Socialisme qu'en le falsifiant, le dénaturant et le calomniant ; mais vous, Monseigneur, vous ne pouvez que chercher en tout la justice et la vérité. Hé bien, veuillez prendre la peine d'examiner mon Système de Socialisme ou de Communisme, exposé dans mon *Voyage en Icarie*, dans mon *Credo communiste*, dans mon *Vrai Christianisme*, dans mes *Douze lettres sur la Communauté*, dans mon journal *le Populaire* et dans beaucoup d'autres ouvrages, et vous serez convaincu :

1o Que mon Système n'est autre chose que le *Christianisme* dans sa pureté primitive, tel que l'ont fait Jésus-Christ, ses Apôtres et les Pères de l'Eglise, basé sur la *Fraternité* ou l'amour de ses semblables, entraînant comme conséquence nécessaire l'*Egalité* et la *Liberté* ; que je suis un homme d'amour fraternel et non de haine ; que je m'intéresse plus spécialement aux prolétaires, parce qu'ils sont les plus malheureux et qu'ils ont plus besoin d'intérêt et de secours, mais que je cherche et désire le bonheur de tous les hommes sans exception, parce que tous sont nos Frères ; que je repousse cette parole infraternelle : *ôte-toi de là que je m'y mette*, parce que, suivant moi, la table est assez grande pour que tous aient place au banquet préparé par la Providence pour tous ses enfants ; que je combats l'oppression pour la remplacer par la justice, sans vouloir que l'oppresseur devienne opprimé ni que l'opprimé devienne oppresseur ; et que, si l'amour de l'Humanité me pousse à faire la guerre aux mauvaises *institutions* qui font son malheur, la raison me porte à l'indulgence envers les personnes, parce que tous, riches et pauvres, nous sommes également victimes des vices de l'organisation sociale et de la mauvaise éducation qu'elle nous donne à tous ; que, par conséquent, j'ai toujours déclaré que je préférais la Réforme à la Révolution ;

2° Que j'ai toujours déclaré aussi que je ne désirais nullement imposer mon Système, mais que je le soumettais à l'examen et à l'opinion publique ; que j'adoptais une propagande légale et pacifique, et que je ne voulais rien que par la discussion, par la persuasion, par le consentement individuel et par la volonté nationale ;

3° Que je ne demandais pas l'application immédiate et brusque de mon Système ; que je reconnaissais la nécessité d'un régime *transitoire*, plus ou moins long, qui serait tout simplement la République et la Démocratie, avec des améliorations successives et progressives ;

4° Que si le Gouvernement voulait favoriser ou seulement autoriser une expérience en France, je la tenterais avec des Icariens de bonne volonté ; et que je désirerais même qu'on essayât tous les autres Systèmes, afin qu'on pût choisir et adopter celui dont l'expérience aurait démontré la supériorité ;

5° Mais que, puisqu'on s'opposait à l'expérience en France, j'allais, pour ne rien troubler dans la Patrie, la tenter en Amérique, dans un désert, avec des Icariens convaincus et dévoués, à nos risques et périls, dans l'intérêt de l'Humanité tout entière, en suivant ce conseil de Jésus-Christ : « Si l'on vous persécute dans une ville, retirez-vous dans une autre. »

Cette expérience, je l'exécute depuis deux ans ; et quoique j'aie rencontré, par suite de circonstances extraordinaires, d'innombrables difficultés étrangères au Système en lui-même, l'épreuve me paraît décisive et le succès certain ; et je puis dire que mon Système est aujourd'hui connu et pratiqué.

Quant à votre opinion contre tout Système qui aspirerait à remplacer tout un ancien monde par un monde nouveau, ce n'était pas celle de Jésut-Christ qui, comme vous le savez, Monseigneur, a voulu remplacer le règne de Satan par le Règne de Dieu, le Système de l'égoïsme par celui de la Fraternité, et le Paganisme par le Christianisme. C'est donc le Système proposé qu'il faut examiner en lui-même, pour savoir s'il est bon et meilleur, et s'il est possible à réaliser. Je pourrais me borner à vous montrer que mon Système de Communauté est pratiqué avec succès en Icarie, à Nauvoo en Amérique, d'où j'arrive pour y retourner ; mais je veux discuter avec vous vos objections contre le Socialisme et le Communisme qui, vous le savez, veulent rendre tous les hommes *riches, heureux et parfaits*. Vous commencez par le Communisme : voyons !

XV.

« Premier moyen de constituer la Société, en abolissant la Propriété individuelle : c'est que *l'Etat seul possède pour tous et au nom de tous.*

« Par là, disent ces réformateurs, nous verrons naître un ordre réellement plus social et plus humanitaire. Qui peut douter que les liens de la Société ne deviennent effectivement plus étroits et plus sacrés, lorsque ses membres seront unis par une communauté totale de travail et de fortune ? Alors régnera parmi eux l'égalité la plus parfaite et, personne ne possédant rien en propre, il n'y aura plus entre les citoyens ni jalousie, ni litige, ni vol. Qui songera à dérober ou même à convoiter le bien d'autrui, quand personne ne possédera pour son compte et que chacun pourtant ne manquera de rien ? L'injustice disparaîtra de la terre. Le crime enfin sera aboli.

« Mais qui donc possédera en définitive, dans ce nouvel ordre social? Personne et tout le monde, répondent-ils, c'est-à-dire la *Société tout entière*, ou *l'Etat* qui la représente. Les terres seront confiées aux citoyens pour être cultivées, et les produits entreront dans les greniers de l'Etat. Le travail de tout genre, de toute profession sera distribué entre tous, et chacun travaillera au profit de *l'Etat, qui restera juge* de la capacité, des forces et des besoins des enfants de la commune patrie. La Société sera donc une grande famille dont *l'Etat sera le père*, qui la gouvernera pour la plus grande gloire de l'association et le bien-être de tous. L'ordre social, de cette sorte, sera élevé à sa plus haute perfection ; car jamais l'association n'aura été ni plus intime, ni plus puissante. — Voilà de quoi, certes, tenter les plus nobles cœurs! Peut-on imaginer rien de plus beau, réaliser rien de plus désirable? Tel est le premier Système (le Communisme.) »

Ce tableau de la Communauté, Monseigneur, serait assez fidèle si vous expliquiez que l'*Etat* c'est, non un Prince ou une Aristocratie, mais la *Société* entière, le *Peuple*, la *Nation*.

Cependant vous allez critiquer; voyons vos critiques :

«Sous prétexte de perfectionner l'ordre social, on *détruit* la *Société réelle* que *Dieu a établie*, comme la plus conforme à notre nature. On la pervertit dans sa fin et dans ses moyens, en voulant substituer à une *réalité*, imparfaite, sans doute, mais susceptible d'amélioration, un *beau idéal chimérique*. »

Mais non, nous ne détruisons pas la Société ; nous la sauvons au contraire en la corrigeant. Non, ce n'est pas Dieu qui a fait la Société telle qu'elle est, avec ses abus et ses lamentables maux, avec le cataclysme que ses vices, d'après votre propre aveu, rendent inévitable. Et puis, venez en Icarie, et vous verrez si la Communauté est une *chimère !*

Vous prétendez que l'*Etat domine* l'homme dans la Communauté, tandis que personne ne peut faire *la loi* à son semblable. Mais non, Monseigneur ! Ma Communauté Icarienne c'est la République évangélique et chrétienne, basée sur la fraternité, l'égalité et la liberté, qui n'a point de dominateur suivant la doctrine de Jésus-Christ, d'après laquelle tous les fonctionnaires sont les mandataires et les serviteurs du Peuple chargés d'exécuter les lois faites ou consenties par le Peuple. C'est au contraire dans votre ancienne Royauté appuyée sur la Propriété individuelle, que les Rois, la Noblesse et le Clergé dominaient la nation et chaque individu et leur imposaient leurs lois.

Vous oubliez complétement l'histoire quand vous affirmez que, sous le Système de la Propriété individuelle, le Christianisme a émancipé le citoyen de la *servitude de l'Etat*, servitude *dégradante*, puisque le citoyen était regardé et traité comme la *matière exploitable de l'Etat*, comme sa chose et sa propriété ; et vous semblez dire que, tandis que cette dégradante servitude est abolie depuis dix-neuf siècles, le Communisme veut la rétablir aujourd'hui. Mais non, non, Monseigneur ! Rappelez-vous donc les serfs, la féodalité ! Lisez donc le petit livre, aussi instructif que curieux, que M. *Guichard*, membre de l'ex-assemblée constituante, vient de publier sous le titre de *la Propriété sous la Monarchie* (1).

---

(1) Chez *Garnier* frères, 215, Palais-National.

Vous verrez que vous prenez encore ici le contre-pied de la vérité.

XVI.

Vous prétendez que la Communauté renferme le plus *effroyable despotisme*, et pour le prouver vous dites :

« Toutes les richesses, territoriales et mobilières, seraient concentrées dans les *mains de l'Etat*, qui en serait *l'unique propriétaire* ayant seul le droit d'en *jouir*... L'Etat serait maître absolu de sa richesse, du travail et des travailleurs, qui travailleraient *sans choix, sans amour, forcément, servilement*, comme le voudrait l'Etat, autant que le voudrait l'Etat, et toujours au *profit de l'Etat.* »

Mais non, non, Monseigneur ! C'est ce qui existait autrefois sous le régime de la Propriété individuelle et de la monarchie féodale, quand Louis XIV disait : l'*Etat c'est moi*, quand les monarques et les seigneurs, même le clergé, étaient réellement propriétaires de la glèbe ou terre et des serfs avec leurs femmes et leurs enfants ; c'est ce qui existe encore aujourd'hui pour des millions de travailleurs dominés, exploités, toujours esclaves en réalité et souvent plus malheureux que des esclaves. Et c'est précisément à cause de ces abus du passé et du présent que nous demandons le régime de la Propriété commune pour y fonder la liberté avec l'égalité sans Etat et sans aucun privilége. Venez en Icarie, Monseigneur ! vous y verrez que la Communauté est la République la plus démocratique et la plus radicale ; que toutes les lois y sont faites par le Peuple et pour le Peuple ; que tout ce qui concerne le travail est réglé par la masse des travailleurs ; que chaque atelier élit son directeur ; que tous les fonctionnaires sans exception sont électifs et temporaires ; et qu'aucun d'eux n'est propriétaire de rien et n'a plus de jouissance qu'un autre citoyen.

« Mais nous le demanderons à ces habiles politiques, qu'est-ce que *l'Etat*, après tout ? C'est fictivement tout le monde, dans la réalité *quelques hommes* seulement qui *posséderont* la fortune de la France, qui *exploiteront* le travail d'un grand peuple, qui *régleront* et ce que chacun doit produire à l'Etat, et ce que l'Etat donnera à chacun, soit en vêtements soit en nourriture. Mais qui maintiendra dans la *subordination* ces immenses troupeaux d'esclaves travailleurs ? Comment obtenir d'eux une obéissance et un travail si fort contre nature ? Impossible de l'obtenir autrement que par la crainte des *supplices*, que par *l'appareil des tortures* inventées autrefois pour les esclaves. Chaque province, chaque ville, chaque hameau devra donc avoir son *terrible proconsul*, son commissaire d'Etat avec pleins pouvoirs *de vie et de mort*. Partout des préposés impitoyables, un *fouet à la main*, veilleront à ce que chacun remplisse sa tâche fidèlement, en toute rigueur. Ainsi la civilisation qu'on prétend substituer à l'ordre social actuel, dans l'intérêt, dit-on, des classes laborieuses, serait pour leur malheur et leur opprobre, comme pour l'opprobre et le malheur de tous, le régime du plus *affreux despotisme*, le régime de la *terreur organisée*, le régime de *l'esclavage antique*, le régime des *nègres*, le régime enfin des *bagnes* appliqué, non plus au crime, mais à la *vertu*.»

Mais non, non, non, mille fois non, Monseigneur ! C'est là le régime ancien, que le Clergé lui-même a longtemps toléré en l'exploitant et en en profitant : mais on a trompé votre confiance et votre bonne foi si l'on vous a dit que c'est le régime de la Communauté. Il n'y a là pas un mot de vrai ! Venez, venez, en Icarie, je vous en conjure ! Vous n'y verrez ni *proconsuls*, ni droit de vie et de *mort*, ni *fouet*, ni *bagne*, ni *torture*, ni *supplices*, ni *terreur*; et vous y verrez précisément tout le contraire, aucune prison cellulaire, aucun châtiment corporel, aucun gendarme, l'opinion publique pour tout frein, etc., etc., etc. Mais comment a-t-il été possible de vous tromper à ce point ! Si c'est en vous trompant ainsi qu'on vous a rendu l'adversaire de la Communauté, vous ne la repousserez plus quand vous la connaîtrez mieux.

« Quels *attraits*, demandez-vous, le travailleur pourrait-il trouver dans un labeur qui n'aurait pour objet que d'accroître la *fortune de l'Etat*?... Alors quelle *longueur* dans le travail commun ! quel *dépérissement de l'industrie !*... Malheur au Peuple qui serait constitué et gouverné d'après de tels principes ! On pourrait prédire infailliblement sa prochaine *ruine* dans les horreurs de la *misère*, de la *faim* et de la *guerre civile !* »

Mais n'est-ce pas ce que vous prédisez à la France aujourd'hui, Monseigneur, en déplorant le cataclysme qu'amène la Propriété individuelle avec ses *abus* et ses *lamentables maux* ? Quant à la Communauté, je puis vous assurer, moi qui arrive d'Icarie, que c'est tout le contraire. Venez-y avec moi, et vous aurez du plaisir à voir avec quelle ardeur chacun y travaille dans l'intérêt commun ! Vous ne combattrez plus alors la Communauté ; car vous êtes trop raisonnable, trop juste, trop Chrétien, pour ne pas chercher en tout la vérité, la justice et le bien de l'Humanité. Aussi, quand on vous rappelle, en faveur de la Communauté, l'exemple de la première Communauté fondée par les chrétiens de Jérusalem, d'après le conseil de Jésus-Christ et sous la direction des apôtres, vous répondez :

XVII.

« La donation était pleinement *libre*, et on la faisait dans *l'âge adulte*, avec pleine jouissance de sa *raison*, avec *plein consentement* de sa volonté. Est-ce ainsi qu'on l'entend ? A la bonne heure : *personne n'a le droit de s'opposer à ceux qui veulent s'unir de cette façon.* »

Hé bien, Monseigneur, c'est précisément ainsi que je l'entends, que je l'ai toujours déclaré et que je le pratique avec les Icariens en Amérique. Dans tous mes écrits, j'ai dit que je ne voulais la réalisation que par le consentement individuel, volontaire et libre ; j'ai seulement demandé qu'on ne s'opposât pas à la volonté de ceux qui voudraient s'associer et mettre tous leurs biens dans l'association ou dans la Communauté ; et pour faire une expérience en Icarie, je n'ai pu m'adresser qu'à des Icariens de bonne volonté. Pourquoi donc tant de persécutions en France contre moi et mes amis ? Pourquoi tant d'obstacles à l'émigration et tant de haine contre Icarie ? Mais vous reconnaissez que personne n'a le droit de s'opposer à des asssociations ou communautés volontaires, et je prends acte de cet aveu !

« Mais vouloir *associer forcément*, dans une communauté semblable, tous les membres d'une grande nation ; réunir ainsi, par un décret, trente-six millions d'hommes, sans demander à chacun si cela lui convient ; les *dépouiller de leurs maisons, de leurs champs, des fruits de leurs travaux,* c'est tout à la fois le renversement du sens commun et des règles éternelles de la justice. »

Mais personne ne veut établir la Communauté par la contrainte et la violence ; je ne le veux pas, je ne l'ai jamais voulu, j'ai toujours démontré que la Communauté ne pouvait se constituer que par le consentement, sans imiter les spoliations usitées par l'ancienne Monarchie pour fonder la Propriété individuelle.

Quand on vous cite, en faveur de notre Communisme, l'exemple des communautés *religieuses,* vous répondez en substance :

« Que les membres de ces dernières sont des ames *d'élite;* qu'ils font, avant d'entrer, des *vœux* d'obéissance, de pauvreté et de chasteté ; qu'ils sont préparés par leur éducation religieuse ; et qu'ils ont, pour être soutenus, la foi, les menaces, les promesses, la prière et la grâce. »

Cela est vrai ; et j'avoue que la vie commune peut leur être plus facile ; mais il n'en résulte pas qu'elle soit impossible et même trop difficile aux autres communistes, qui peuvent être aussi des hommes d'*élite*, préparés par une éducation parfaite, ou choisis et admis pour leurs qualités, et qui jouiront des agréments et des avantages de la liberté, du mariage, de la famille et des plaisirs d'une société fraternelle. Oui, comme vous le dites, une *Nation* n'est pas un *Monastère* ; mais notre Commmunauté n'est pas du tout un monastère ; c'est une grande famille, bien plus conforme à la Nature et au Christianisme, et qui sera tout aussi facile et peut-être plus facile que le Monastère, parce que l'Humanité y sera plus heureuse.

Voilà, Monseigneur, vos objections contre le Communisme ou système de la Propriété commune ; et, souffrez que je vous le déclare franchement, aucun de vos arguments n'a pu ébranler ma conviction contre l'ancien régime et pour le nouveau système, celui de la Communauté.

Et j'ajoute une autorité puissante et décisive que vous ne pouvez méconnaître, c'est celle de Jésus-Christ, de ses apôtres, des premiers chrétiens, des plus célèbres Pères de l'Eglise, de saint Jean Chrysostôme notamment, qui recommandaient comme la *perfection* sociale, la communauté de biens entre tous les membres d'une ville et d'une nation.

XVIII.

Vous examinez maintenant, Monseigneur, le *Socialisme* proprement dit, ou son second système, celui de la Propriété individuelle *égale pour tous.* Vous supposez une *loi agraire*, un *partage égal* des terres, de l'argent, etc., et vous soutenez que les uns deviendraient bientôt *riches* par leur travail et leur économie, les autres pauvres par leur paresse et leur dissipation, comme si le travail était, pour tous les riches, la cause de leurs richesses, tandis que la paresse serait, pour tous les pauvres, la cause de leur pauvreté ! Mais lisez le petit livre de *M. Guichard*, la *Propriété sous la monarchie* (cité plus haut), et vous verrez que, dans beaucoup de pays, ce sont la violence, la conquête, la spoliation, la corruption, le vol, etc., qui ont transporté les propriétés du travailleur à l'oisif. — Je ne veux pas la loi agraire, puisque je suis communiste et que la communauté est l'opposé du partage, et par conséquent ce n'est pas à répondre à vos objections; mais si j'avais à le faire, je vous dirais qu'il y a beaucoup de moyens d'empêcher que l'égalité ne soit sitôt détruite, par exemple, celui qu'avait employé Moïse, le *Jubilé.*

XIX.

Ne trouvant pas le remède au mal dans le Socialisme, vous le cherchez ailleurs, Monseigneur, et vous prétendez le trouver dans la destruction du *péché.* Selon vous, la propriété individuelle est bonne en elle-même, et c'est le péché seul qui produit ses abus; d'où vous concluez que le remède est dans le perfectionnement de l'homme. Mais Jésus-Christ, le sauveur, n'a-t-il pas détruit le péché? Et s'il existe encore depuis 1850 ans, comment se fait-il que le clergé ne l'ait pas totalement et définitivement anéanti? Vous aurez beau crier aux hommes (et c'est aux riches surtout qu'il faudrait le crier) qu'ils doivent refréner leurs *convoitises* et leurs *concupiscences,* si ces vices sont l'effet d'une mauvaise organisation sociale. C'est cette vicieuse organisation sociale et surtout la Propriété individuelle qui produisent la convoitise, la concupiscence, toutes les mauvaises passions et les lamentables maux que vous déplorez; c'est donc l'organisation de la Société et de la Propriété qu'il faut corriger; et malheureusement vous ne me remédiez à rien, Monseigneur !

XX.

Que le riche, dites-vous, *puisse jouir* en paix des richesses qu'il possède, et que le pauvre *puisse acquérir* par son travail ce qu'il ne possède pas encore, voilà tout le remède..... Mais si, par exception, quelques-uns des pauvres peuvent acquérir quelques petites propriétés, la masse, des millions, vous le savez bien, Monseigneur, ne peuvent pas même avoir du travail et du pain !... Et cependant, vous adressant paternellement aux travailleurs, vous leur dites :

« Non, vous ne nourrissez pas dans vos cœurs des projets *d'injustice* et *d'anarchie...* Nous n'avons jamais découvert en vous, quand les passions politiques ne vous ont pas égarés, qu'un *admirable amour de l'ordre et du travail, les nobles instincts du devoir et de la vertu...* Vous serez toujours l'objet de nos plus grandes *sollicitudes* et de notre plus vive *tendresse.* »

Très-bien, Monseigneur ! Mais des œuvres et pas seulement des paroles ! Adressez donc au Gouvernement et à l'Aristocratie votre puissante voix pour qu'on accorde à ces nobles et vertueux Ouvriers, non des aumônes qu'ils repoussent, mais leurs droits d'enfants de Dieu, d'hommes et de citoyens, la liberté avec l'égalité qui sont les conséquences de la fraternité, enfin leur part dans les dons de la Providence pour qu'ils puissent la faire fructifier par leur travail....

Vous adressant aux *riches*, vous leur dites :

« Lorsque nous vous racontions les détails de nos visites pastorales dans les ateliers, n'est-il pas vrai que vos cœurs étaient *émus?* Vous *applaudissiez à l'éloge* que nous faisions de *vos frères*, de nos enfants des faubourgs! Loin d'avoir surpris dans vos âmes de la *dureté* pour ceux qui portent le poids le plus pesant de la vie, nous n'y avons vu que *bienveillance, compassion, humanité*. Du cœur de vos *femmes* surtout s'épanchent incessamment sur toutes les infortunes d'inépuisables trésors en *secours*, en *consolations*, en *charité...*»

Très-bien, très-bien ! Mais croyez-vous que c'est assez, Monseigneur ? Pensez-vous qu'il ne serait pas utile et même nécessaire, pour pratiquer la fraternité et pour obéir à Jésus-Christ, que les heureux et les puissants intervinssent auprès du Pouvoir pour le déterminer à rendre aux Ouvriers leur droit d'élire leurs défenseurs et à rendre à tant de malheureuses femmes et de malheureux enfants des maris et des pères enlevés sans jugement et dont le travail leur est nécessaire pour les délivrer de la misère et de la faim !....

Vous vous plaignez qu'on *calomnie* les riches en leur supposant de la *dureté* dans le cœur envers les Ouvriers et les pauvres, et je m'en plaindrais avec vous si le fait était complétement vrai ; mais, Monseigneur, dites donc aux journaux rédigés par des ecclésiastiques de ne pas exprimer tant de mépris et de haine contre le Peuple; dites à la *Mode* (journal monarchique et religieux) de ne pas écrire :

« Ecoutez bien! Des *sauvages* et des *bandits* aiguisent des *poignards* sur les bornes des chemins, accumulent en plein jour des éléments d'*incendie* et de *pillage*, déploient et agitent en l'air le hideux tableau qui doit présider le *sac des villes*, épèlent le mot d'ordre qui les guidera à un *massacre général*. »

Dites au journal religieux l'*Univers* de ne pas écrire :

« Il n'y a plus que des *vainqueurs* et des *vaincus* ; et moi, je me trouverais vaincu par un *histrion*, par mon *domestique*, par mon *décrotteur*, par mon *portier*... Mais j'ai des *balles* dans ma giberne ! »

Comment voulez-vous, Monseigneur, que les Ouvriers n'accusent pas les classes qui se disent supérieures d'avoir de la *dureté* pour eux quand ils entendent un pareil langage ?

Dans vos sentiments chrétiens, vous vous adressez à la fois aux pauvres et aux riches, et vous leur dites :

« Que toute *méprise* cesse entre vous, dépouillez-vous de toute *prévention* ; et vous réunissant, comme enfans du Père qui est au ciel, dans un AMOUR FRATERNEL ET SINCÈRE, n'attendez l'amélioration de l'ordre social, qu'on semble vouloir demander à des *révolutions* nouvelles, que de la loi naturelle du PROGRÈS, progrès d'autant plus sûr qu'il est plus *pacifique*. »

Bien, très-bien, Monseigneur ! Je pense et je parle comme vous... Comme vous, je demande l'*amour fraternel et sincère*, le remède *pacifique* et le *progrès*. Et j'ai souvent fait mes preuves à ce sujet ; car, par exemple, pendant mon exil en Angleterre, en 1838, dans mon *Voyage en Icarie*, je disais déjà :

« Ma conviction (en faveur des réformes pacifiques) est telle que, quand même je devrais mourir en exil, si je tenais une révolution dans ma main je ne voudrais pas l'ouvrir... »

Et en 1848, au jour de la révolution, le 25 février, je publiai en grand nombre une proclamation adressée aux Communistes Icariens et à tous les travailleurs, dans laquelle je leur criais :

« *Point de vengeances, point de désordre, point de violences, point d'oppression* pour personne...! — *Point d'atteinte à la Propriété !* mais inébranlable persévérance à demander tous les moyens que peut accepter la *justice* pour supprimer la *misère*...! — Gardons-nous de demander l'application immédiate de nos doctrines communistes. Nous avons toujours dit que nous ne voulions leur triomphe que par la discussion, par la conviction, par la puissance de l'opinion publique, par le *consentement individuel* et par sa volonté nationale : restons fidèles à nos paroles ! »

Et le Peuple, écoutant ma voix au milieu de sa victoire, se montra noble, généreux, humain et juste... Et la *Presse* du 13 février 1850 et du 6 juillet 1851 reconnut publiquement que *jamais* peut-être un *service plus grand* ne fut rendu à la société tout entière.

Quelque pacifique que vous soyez, Monseigneur, vous voyez que je le suis autant que vous, parce que je ne suis pas moins chré-

tien que vous, pas moins enflammé que vous de cet *amour fraternel et sincère* que vous recommandez avec Jésus-Christ pour tous
les hommes sans distinction.

Mais puisque vous voulez sincèrement le *remède au mal* dans la
fraternité et dans le *progrès pacifique* pour éviter les révolutions,
dites donc à M. *Romieu*, ancien Préfet monarchique, signalé
comme le favori du Pouvoir, d'écrire, dans son *Spectre rouge*, des
phrases comme celles-ci :

« La multitude populaire est un monstre terrible, furieux, incons-
tant, léger, précipitatif, paresseux, peureux, désireux de nouveautés,
ingrat, perfide, cruel, vindicatif, et en somme un mélange de toutes
sortes de vices sans compagnie d'aucune qualité. »

Il est vrai que M. Romieu prend cette belle triade dans un
écrivain qui l'a écrite il y a trois siècles; mais il ne la répète que
pour l'appliquer indirectement à la multitude d'aujourd'hui, qui
s'en trouve certainement insultée et calomniée.

Dites-lui qu'il présente pour le mal social un remède qui outrage le Christianisme, quand il dit :

« Il n'y a dans l'organisation de 1789 nul levier pour soutenir la Société qui s'abat ; cette Société de *procureurs* et de *boutiquiers* est à
l'agonie ; et si elle peut se relever heureuse, c'est qu'un SOLDAT se
sera chargé de son salut. Le CANON seul *peut régler les questions*
de notre siècle, et il les réglera, dût-il ARRIVER DE RUSSIE... »

Dites-lui qu'il outrage *Dieu* quand il dit :

« Une *lutte à mort* est inévitablement nécessaire pour en finir avec
ce *procès des privations contre les jouissances*, puisque *Dieu* n'a
voulu leur laisser que ces *grossiers drapeaux*. »

Dites-lui qu'il sème l'irritation et la colère quand il dit :

« Je ne regretterai pas d'avoir vécu dans ce triste temps, si je puis
voir, une bonne fois, *châtier et fustiger* la foule, *bête cruelle et stu-
pide* dont j'ai toujours eu l'horreur. Regardez-la, quel que soit son
costume, *blouse ou habit*, quelles que soient ses mœurs, son éducation, ses croyances; regardez la foule, partout et toujours, et vous la
trouverez non pas folle, mais *imbécile, brutale et niaise à faire
vomir*. »

Dites-lui qu'il centuple le mal quand il propose des *remèdes*
tout contraires à ceux que vous proposez ; quand il nie tout *droit*

et tout *progrès* ; quand il insulte les *Bourgeois* et menace les *Socialistes;* quand il demande la suppression de la garde nationale, de l'Université, de toutes les tribunes, de toutes les *lois*, et leur remplacement par le règne du *sabre*, par la *dictature militaire la plus absolue*, et par l'état de siége perpétuel, appuyé sur une *armée* prétorienne ; quand il invoque comme remède unique la guerre civile, le massacre et la *boucherie* des paysans et des ouvriers vaincus; quand il écrit des lignes comme celles-ci :

« Ce sera dans *des flots de sang* que se fera cette renovation de la marche humaine... Celui (général, colonel ou sergent) qui le dernier *essuiera son sabre*, sera l'homme *utile* et *grand*... Il pourra dire *l'Etat, c'est moi! —* Il sera versé du *sang* et des *larmes*. La *misère* étendra son froid réseau sur le Peuple abusé ; — il sera violent, plein de *désespoir* et de rage ; il sera *châtié* durement, et par la *famine* et par les *boulets*... Alors un Pouvoir fort s'établira pour ouvrir *l'ère nouvelle de l'Autorité.* »

Oui, Monseigneur, vous qui cherchez à prévenir le cataclysme en recommandant comme *remède* au mal *l'amour fraternel et sincère*, déployez donc toute votre influence pastorale pour empêcher de pareils principes et de pareilles provocations, si vous ne voulez pas vous exposer à voir toutes vos exhortations impuissantes et stériles !

Je reviens à vos exhortations, Monseigneur ; car, après les horribles paroles de *l'Univers*, de *la Mode* et de M. *Romieu*, j'ai quelque consolation à vous entendre dire avec *le Concile de Paris* :

« Il est faux, et c'est une *calomnie*, de dire que l'Eglise *ne compâtit pas* au sort des malheureux en ce monde. Comme une bonne mère, l'Eglise aime tendrement tous ses enfants sans distinction. Mais le *pauvre Peuple*, les *ouvriers* et les *indigents*, tous ceux que presse la *misère*, ce sont ceux là surtout que, à l'exemple de Notre Seigneur Jésus-Christ, elle entoure d'un *amour plus empressé*, d'une *plus vive sollicitude...* »

Bien, Monseigneur! Mais criez donc bien fort pour empêcher les organes de la Monarchie, de l'Aristocratie et même du Clergé, de montrer tant de dédaim, tant de haine, tant d'injustice et tant d'inhumanité, envers ce *pauvre Peuple* poussé au *désespoir* par la *Misère* !

J'aime à vous entendre dire encore :

« On *calomnie l'Eglise*, quand on lui fait dire que tous les *mal-*

heureux qui souffrent toute espèce de *misères*, sont comme *fatalement enchaînés à leur infortune* et qu'on *ne doit* y apporter *aucun remède*... Cette opinion *détestable*, qui a régné autrefois chez les Payens, est tout-à-fait étrangère à la doctrine chrétienne, et l'Eglise la rejette avec *horreur* »

Bien, très-bien, Monseigneur ! Et je prends acte de votre déclaration et de celle du concile de Paris ; car il me semble que des écrivains monarchiques et même ecclésiastiques ont souvent combattu les réformateurs socialistes, en invoquant et falsifiant l'Evangile et en disant à leurs adversaires : Vous aurez beau faire, et tous vos efforts pour supprimer la misère sont inutiles, parce que c'est Jésus-Christ qui a dit : *Il y aura toujours des pauvres,* et par conséquent c'est Dieu lui-même qui a condamné pour toujours le Peuple à la *misère*....

Mais enfin, vous rejetez solennellement aujourd'hui, avec *horreur*, cette doctrine que vous déclarez *anti-chrétienne et détestable,* et je vous en félicite, Monseigneur, en même temps que je m'en réjouis ; car vous enlevez une de leurs principales armes aux ennemis du *socialisme*.

Vous reconnaissez aussi que la *misère* est, avec le péché, le principal fléau de la vie, et qu'il est parfaitement légitime et chrétien de désirer une position *plus heureuse* et de chercher à l'acquérir par le *travail*... Et je vous en félicite encore.

Vous voulez qu'on cherche surtout le *bonheur* ou le *paradis* dans le ciel. Je le veux bien aussi, pourvu que ce soit en pratiquant la *fraternité*, parce que cette pratique de la fraternité nous donnera d'abord le bonheur et le paradis sur la Terre.

Vous voulez que la *science* et l'*autorité* concourent avec l'Eglise à améliorer le sort des classes indigentes, en adoptant tous les moyens qu'on peut *inventer* et mettre en œuvre pour y parvenir. Bien, Monseigneur ! Mais notre moyen à nous, c'est le socialisme et le communisme, contre lesquels je n'aperçois encore aucune objection victorieuse.

Vous voulez que d'un *commun effort* nous cherchions la *Cité* sainte, *le Royaume ou le règne de Dieu*..... Je le veux avec vous ! Mais, comme je l'ai prouvé dans mon *vrai christianisme*, cette cité sainte, cette nouvelle Jéruzalem, ce royaume de Dieu doivent être *sur la Terre*... Et vous savez que ni l'*Evangile*, ni l'*Apocalypse*, ni la *prière chrétienne* des apôtres, ne peuvent laisser aucun doute à cet égard.

Et ce royaume de Dieu, qui doit être le paradis sur la Terre, c'est la *communauté* basée sur la *fraternité*, la communauté telle à peu près que je l'organise en Icarie... Et vous ne pouvez pas le contester, Monseigneur ; car c'est la plus imposante des autorités pour vous comme pour moi, c'est *Jésus-Christ* qui le proclame partout dans l'Evangile, surtout quand il dit à un Riche : « Si vous voulez « être PARFAIT, *vendez vos biens, donnez-en le prix aux pauvres,* « *et suivez-moi.* » Par conséquent, pour atteindre la *perfection,* Jésus-Christ prescrivait ou conseillait à tous les Riches de mettre volontairement tous leurs biens en commun avec les Pauvres ; et par conséquent encore la Communauté volontaire de biens était, aux yeux de Jésus, la *perfection sociale,* la Cité parfaite, la nouvelle Jérusalem et le Royaume de Dieu sur la Terre. C'est là, vous le savez bien, toute la doctrine de Jésus, tout l'Evangile et tout le Christianisme.

Et c'est ainsi que l'ont entendu et pratiqué les Apôtres qui, immédiatement après la mort de Jésus, ont constitué et organisé la *Communauté* de Jérusalem, destinée à comprendre tous les chrétiens.

C'est ainsi que l'ont entendu presque tous les Pères de l'Eglise, avant l'invasion des barbares. Vous le savez aussi bien que moi, Monseigneur : permettez-moi cependant de vous rappeler ici l'opinion de *Saint-Ambroise* et celle de *Saint-Jean Chrysostôme.*

OPINION DE SAINT AMBROISE : —« *La Nature a donné toutes les richesses en commun à tous les hommes ;* car Dieu a voulu que tout fût produit en sorte que *chacun en tirât* sa *nourriture* et que la terre fût la *possession commune* à tous les hommes. La *Nature* donc a établi le *droit de Communauté*, et c'est *l'usurpation* qui a produit le droit de *Propriété.* »

OPINION DE SAINT JEAN-CHRYSOSTÔME. — Après avoir cité l'exemple des chrétiens de Jérusalem, il ajoute : si nous adoptions nous-mêmes aujourd'hui ce genre de vie (la communauté de biens), il en résulterait un bien-être immense pour le Riche et pour le Pauvre, et l'avantage ne serait pas plus grand pour l'un que pour l'autre... (Puis il propose à tous les habitants de Constantinople de mettre tous leurs biens en communauté.)

Ainsi, voilà le Patriarche ou le Pape de la riche et puissante capitale de l'empire romain d'Orient, l'homme le plus éloquent de son siècle qui, en chaire et l'Evangile à la main, au nom de Jésus-Christ et des apôtres, proclame la Communauté comme l'organisation sociale la plus parfaite pour une grande ville et pour une nation !

J'aurais encore bien des choses à vous répondre, Monseigneur ; car le sujet est sans borne : mais je termine cette lettre, déjà plus longue que je ne voulais, et que d'ailleurs je pourrai continuer une autre fois. Pour aujourd'hui je résume cette discussion :

RÉSUMÉ.

Vous reconnaissez le *mal*, le danger d'un effroyable cataclysme, et la nécessité d'un prompt *remède*. — Vous reconnaissez que le mal est principalement dans la *misère* des classes laborieuses qui, par la Nature et par leurs vertus, méritent un sort plus heureux. — Vous reconnaissez que la *Propriété individuelle*, telle qu'elle est constituée, a des abus qui produisent de lamentables maux, et vous voudriez qu'elle fût corrigée et perfectionnée. Vous préférez le système général de la *Propriété individuelle* perfectionnée, mais sans repousser absolument ni le *socialisme* ni les *socialistes*, et vous demandez même qu'on fasse des *expériences*. — Tout en exposant vos objections et vos doutes contre le *Communisme*, vous reconnaissez que *personne n'a le droit de s'opposer à des Communautés librement et volontairement consenties*. Vous invoquez trop religieusement l'opinion de Jésus-Christ, des apôtres, des pères de l'Eglise, la doctrine chrétienne et l'Evangile pour repousser une Communauté volontaire fondée sur la fraternité. — Par conséquent, comme je ne veux rien par la violence, rien que par le progrès successif, rien que par le principe du Christianisme, et comme je fais pacifiquement l'expérience de ma communauté d'Icarie en Amérique, je conclus que nous sommes à peu près d'accord, et que l'Archevêque de Paris est à peu près Communiste comme le Chef de l'Ecole Icarienne. Et j'en suis réjoui !

Je me réjouirais encore si vous vouliez agréer, Monseigneur, mes salutations aussi humbles que fraternelles.

CABET.

OPINIONS

DES APOTRES ET DES PÈRES DE L'ÉGLISE

SUR LA COMMUNAUTÉ.

(Extrait du *Vrai Christianisme*, par M. CABET, page 491
et suivantes.)

Nous ne citerons qu'en abrégé.

APOTRES. — COMMUNAUTÉ.

Après tant de grands spectacles, en voici un qui n'est ni moins
grand, ni moins digne d'attention : c'est celui de *douze hommes*
qui, choisis par Jésus dans les rangs du Peuple, instruits par lui,
imbus de sa *Doctrine*, préparés sous ses yeux à la *Propagande* et
à l'*Organisation*, d'abord consternés, découragés et presque dis-
persés par son supplice, se rapprochent et s'enhardissent à la voix
de Femmes enthousiastes, s'encouragent et s'exaltent à l'exemple
de son dévouement et de son courage, s'enflamment au souvenir
de ses vertus, se pénètrent de son *Esprit* et de ses principes, s'im-
prègnent de son amour pour l'Humanité, se réunissent, méditent,
discutent, délibèrent et décident qu'ils *adoreront* Jésus comme le
Christ, Fils de Dieu, leur *Roi*, leur *Seigneur* et leur *Maître*, qu'ils
l'appelleront désormais *Jésus Christ*, qu'ils exécuteront ses *com-
mandements* et sa *Loi*, qu'ils *s'associeront* et se constitueront en
Communauté, et qu'ils entreprendront une immense *Propagande*
pour établir sur toute la Terre la nouvelle *Religion* de la *Fraternité*
et de la Communauté, en se dévouant héroïquement à toutes les
persécutions et à tous les supplices!

ASSOCIATION DES APÔTRES.

Nous venons de voir tout-à-l'heure (p. 489), la première réunion
tenue dans l'habitation commune des Apôtres, dans laquelle, sur

la proposition de Pierre, institué président, et sur la présentation de deux candidats par l'assemblée composée de plus de 120 disciples, Mathias est *élu* pour *associé* ou membre de l'*association* des douze Apôtres en remplacement de Judas. (Act. I; 26.)

Voilà donc les douze Apôtres associés pour exercer l'*apostolat*; voilà l'association apostolique constituée.

COMMUNAUTÉ.

Voyez ce que vont faire les Apôtres, les disciples, et 3,000 nouveaux convertis!

« Ils persévérèrent dans la *Doctrine* des Apôtres, dans la *Communion* de la fraction du pain et dans la prière. »

« Ceux qui croyaient étaient tous *unis ensemble*, et tout ce qu'ils avaient étaient *en commun*. Ils vendaient leurs possessions et leurs biens, et ils les distribuaient à tous *selon le besoin de chacun*. »

« Ils persévéraient aussi tous les jours dans le temple, *unis de cœur et d'esprit*; et rompant le pain dans leurs maisons, ils prenaient leur nourriture avec joie et simplicité de cœur, louant Dieu et étant *aimés de tout le Peuple*. Et le Seigneur *augmentait* tous les jours le nombre de ceux qui devaient être sauvés dans l'UNITÉ d'un même CORPS. » (Act. II; 44 à 47.)

Remarquez bien toutes ces expressions, *Corps, Unité, Union* des esprits, mise en *commun* de tous les biens, distribution *selon les besoins!*... C'est la *Communauté!*

Ailleurs on dit encore :

« Toute la multitude de ceux qui croyaient n'était qu'UN CŒUR et qu'une âme, et aucun d'eux *ne s'appropriait rien* de tout ce qu'il possédait, mais ils mettaient TOUT EN COMMUN. Il n'y avait POINT DE PAUVRES parmi eux, parce que tous ceux qui avaient des terres ou des maisons les vendaient et en *apportaient le prix*. Ils le mettaient aux *pieds des Apôtres*, et on le distribuait à chacun SELON SON BESOIN. » (Act. IV; 32 à 35.)

Remarquez bien encore toutes ces expressions, *tous n'étaient qu'un cœur et qu'une âme*, — aucun *ne s'appropriait rien* de ce qu'il possédait; — tous mettaient *tout en commun*; — *point de pauvres* parmi eux; — prix aux *pieds des Apôtres*; — distribution selon les *besoins!*... C'est la Communauté, évidemment et incontestablement la Communauté!

Et ce sont les Apôtres, nourris de la Doctrine de Jésus, connaissant parfaitement toute sa pensée, n'ayant pour règle que la volonté du Christ et Seigneur qu'ils *adorent*, inspirés d'ailleurs et guidés par l'*Esprit-saint*, ce sont *les Apôtres*, ou le *Saint-Esprit*, ou *Jésus-Christ*, qui établissent la *Communauté*!!!

Qui peut avoir la témérité de condamner la Communauté, quand non-seulement les Apôtres mais l'Esprit-Saint et Jésus-Christ sont les premiers des *Communistes?*

Abbé Fleury.

Après avoir cité le passage ci-dessus des Actes des Apôtres, l'abbé *Fleury* ajoute :

« Voilà donc un exemple sensible et réel de cette ÉGALITÉ DE BIENS et de cette VIE COMMUNE que les législateurs et les philosophes de l'antiquité avaient regardées comme *le moyen le plus propre à rendre les hommes* HEUREUX, mais sans y pouvoir atteindre. C'était pour y parvenir que *Minos*, dès les premiers temps de la Grèce, avait établi en Crète des *tables communes*, et que *Lycurgue* avait pris tant de précautions pour bannir de Lacédémone le luxe et la richesse. Les disciples de *Pythagore* mettaient *leurs biens en commun*, et contractaient une *Société inséparable*, nommée en grec *Coinobion* (vie commune), d'où sont venus les *Cénobites* (vivant en commun). Enfin, *Platon* avait poussé cette idée de *communauté* jusqu'à l'excès, voulant ôter même la distinction des familles. Il voyait bien que, pour faire une SOCIÉTÉ PARFAITE, il fallait ôter *le tien et le mien*, et tous les intérêts *particuliers*.

« La source de cette *Communion de biens* entre les Chrétiens de Jérusalem était la *charité* qui les rendait tous frères, et les unissait comme en une seule *famille*, où tous les enfants sont nourris des mêmes biens par les soins du même père qui, les aimant tous également, ne les laisse manquer de rien. Ils avaient toujours devant les yeux le commandement de NOUS AIMER *les uns les autres*, que Jésus-Christ avait répété tant de fois, particulièrement la veille de sa passion, jusqu'à dire que l'on reconnaîtrait ses disciples à cette marque (l'amour du prochain). Mais ce qui les obligeait à vendre leurs héritages et à réduire tout en argent comptant, était le commandement du Sauveur, de *renoncer à tout ce que l'on possède*. Ils voulaient le pratiquer, non-seulement dans la disposition du cœur, à quoi se réduit l'obligation de ce précepte, mais encore dans l'exécution réelle, suivant ce conseil : « Si tu veux être parfait, va, vends tout ce que tu as, et viens me suivre. » *Saint Chrysostôme*, longtemps après, ne craint point de proposer encore cette manière de vie comme un exemple imitable, et comme un moyen de convertir tous les infidèles. Il est à croire que ces saints de Jérusalem travaillaient de leurs mains à l'exemple de Jésus-Christ et des Apôtres. »

(FLEURY, Histoire ecclésiastique.)

Ainsi, voilà un historien ecclésiastique, un abbé, aussi respecté que savant, aussi compétent qu'aucun autre prêtre, qui reconnaît que tous les philosophes de l'antiquité considéraient *le tien et le mien* et tous les intérêts particuliers comme la grande cause du désordre social, que la Communauté seule pouvait, suivant eux, faire une *Société parfaite*, et que les Apôtres réalisaient enfin ce que les philosophes n'avaient pu réaliser.

Eglise de Jérusalem.

Cependant tous les Chrétiens de Jérusalem forment ensemble une Association, ou Communion, ou Communauté, ou Assemblée, qu'ils appellent *Eglise* (mot qui plus tard désignera les *Temples* chrétiens).

Tous sont *baptisés*.

Tous vendent leurs terres, et mettent *en commun* le prix de la vente avec leurs autres biens et le produit de leur travail.

Tous *travaillent*, parce que, dit Paul, celui qui ne travaille pas doit s'abstenir de manger.

On ne voit parmi eux, ni *Pauvres* ni *Riches*.

Tous *mangent en commun* à des tables frugales.

Sept *Diacres* sont d'abord *élus* par tous les associés pour administrer la Communauté, préparer les tables, soigner les malades, et distribuer à chacun ce dont il a besoin.

Puis un *Evêque* est *élu* pour gouverner l'Eglise, pour offrir les prières et les nouveaux sacrifices, et pour diriger l'instruction.

L'Apôtre *Jacques* est le premier Évêque de Jérusalem. Néanmoins, *Pierre* reste président et chef de tous les Apôtres et de tous les Chrétiens.

Les *Anciens*, sous le titre de *Prestres* (mot grec qui signifie *vieillards*), forment le *Conseil* de l'Évêque, le surveillent et l'aident dans ses fonctions spirituelles.

Tous les Associés sont *frères* et *égaux*; tous se donnent le titre de *frères*; tous sont électeurs et éligibles aux fonctions de la Communauté; tous s'assemblent pour délibérer en commun.

Tous aussi sont appelés *Saints*.

N'est-ce pas la *République* et la *Démocratie*?

Et bientôt, chaque ville aura son *Eglise* ou son Association ou sa Communauté ou sa République chrétienne, son Evêque, ses Prêtres, ses Diacres, ses Frères ou ses Fidèles, ses Missionnaires ou ses Propagandistes : ce sera une immense République, ou une immense Confédération de Républiques chrétiennes, représentée par des *Conciles* ou *Congrès*.

Charité ou Fraternité.

Nous avons déjà cité plusieurs opinions remarquables de *Paul* et de *Jean* sur l'Amour fraternel ou la Charité (p. 105, 117, 239) : relisez-les ! et en voici d'autres :

« Entre ces trois *vertus*, la Foi, l'Espérance et la CHARITÉ, la plus excellente est la CHARITÉ (ou l'amour fraternel). » Paul, première Epître aux Corint., XIII, 1 à 13.)

« Que personne ne cherche *sa propre satisfaction,* mais qu'il cherche toujours le *bien des autres.* » (Paul, première Epître aux Corint., X, 24.)

« Rendez vos âmes pures par une obéissance *d'amour,* et que l'*affection sincère* que vous aurez pour vos frères vous donne une *attention continuelle* à vous *témoigner* les uns aux autres une *tendresse qui vienne du fond du cœur.* » (Pierre, première Epître, I, 22.)

« Qu'il y ait parmi vous une *parfaite union* de sentiments, une *bonté compâtissante,* une *amitié de frères,* une *charité indulgente* accompagnée de douceur et d'humilité. Ne rendez point mal pour mal, ni outrage pour outrage ; n'y répondez que par des bénédictions. »

« Ayez une *charité persévérante* les uns pour les autres.... Que chacun de vous rende *service* aux autres. » (Pierre, première Epître, III, 8, 9 — IV, 8, 10.)

« Les *fruits de l'Esprit* sont : la *Charité,* la joie, la paix, la patience, la douceur, la bonté, la longanimité, la fidélité, la modestie, la continence et la chasteté. Ceux qui vivent ainsi (selon l'Esprit) n'ont pas besoin d'autre loi. » (Paul, Epître aux Galat. V, 22 et 23.)

La charité Fraternelle suffit donc pour les rendre *Chrétiens.*

PÈRES DE L'ÉGLISE.

Voyez *S. Ambroise* et *S. Jean Chrysostôme,* pages 588 et 591.

SAINT CLÉMENT, (Pape).

Ce pape (le troisième ou le quatrième), l'un des plus vénérés, écrivait aux Chrétiens de Corinthe :

« L'usage de toutes les choses qui sont en ce monde doit être *commun* à tous les hommes. C'est l'iniquité qui a fait dire à l'un : ceci est *à moi ;* et à l'autre : cela *m'appartient.*

« De là est venue la discorde entre les mortels. »

Il écrivait aux fidèles de Jérusalem :

« Frères, la vie *commune est* OBLIGATOIRE *pour tous* les hommes, et particulièrement pour ceux qui veulent servir Dieu d'une manière irréprochable et imiter l'exemple des Apôtres et de leurs Disciples. »

« Ceux qui *ne travaillent pas* n'ont pas droit de s'asseoir à la *table commune.* Jeunes Chrétiens, *travaillez tous* et ne soyez pas à charge à l'Église ! »

SAINT ASTÈRE.

Évêque d'*Amasie* dans le Mont, célèbre dans l'Orient par ses prédications, sur la fin du quatrième siècle.

« Voici tes fruits, ô exécrable *Cupidité*, exécrable *Avarice !* Tu mets la discorde entre le père et le fils ; tu remplis la terre de voleurs et d'assassins, la mer de pirates, les villes de troubles et de désordres, les tribunaux de faux témoins, de calomniateurs, de traîtres, enfin de juges et d'avocats prévaricateurs !...

« Mère de l'*Inégalité*, la Cupidité est impitoyable, inhumaine, cruelle. C'est elle qui a introduit la monstrueuse disproportion qui se remarque dans les conditions des hommes. Les uns regorgent de Richesses excessives et se remplissent de nourriture jusqu'à en éprouver des nausées ; les autres, pressés par la faim et la disette, sont livrés à toutes les horreurs de la misère. Ceux-ci reposent sous des lambris dorés ; les maisons qu'ils habitent réunissent tous les genres d'agréments ; ce sont de petites villes où l'on trouve des salles de bains, d'immenses portiques, des appartements spacieux ; tout y est magnifique et splendide : ceux-là, au contraire, n'ont pas même un toit pour s'abriter ; lorsque la saison devient rigoureuse, ils n'ont d'autre refuge contre le froid que les cheminées des bains, et, s'ils rencontrent des baigneurs inhumains, ils sont réduits à se vautrer dans du fumier comme des animaux immondes, pour s'y procurer la chaleur qui leur est nécessaire !...

« O étrange *Inégalité* de condition entre des hommes que la Nature a rendus tous *égaux !* Ce renversement des choses, ce *désordre*, n'a pas d'autre source que la Cupidité. C'est elle qui condamne l'un à aller presque entièrement nu, tandis que l'autre possède, non seulement de nombreux habits pour se couvrir, mais encore de la pourpre pour en décorer ses murs. Le Pauvre n'a pas même une planche pour y poser son morceau de pain, lorsque le Riche, plein de mollesse et de vanité, se repaît les yeux du brillant éclat rendu par une vaste table d'argent délicatement travaillée. — Puisqu'il fait de si somptueux repas et qu'il usurpe si complétement toutes les autres jouissances de la vie, n'aurait-il pas dû, au moins, convertir le prix de cette table en aliments pour les Pauvres? L'un, accablé d'années ou boiteux de naissance, n'a pas un âne pour lui servir de monture ; l'autre possède tant de chevaux qu'il en ignore le nombre ; celui-ci manque d'huile pour entretenir sa lampe : celui-là révèle son immense fortune par le seul luxe des lumières qui resplendissent dans sa maison : celui-ci couche sur le sol aride ; celui-là, qui n'a d'autre peine que d'être Riche, se repose voluptueusement dans un lit tout orné de globes et de chaînes d'argent.

« Tels sont les inexplicables effets de la Cupidité : sans elle, il n'y aurait pas cette Inégalité de conditions, ce déplorable contraste dans la vie des mortels ; sans elle, les afflictions et les calamités de tout genre ne rempliraient pas l'existence de dégoûts et de larmes.

« C'est cette funeste Inégalité qui étouffe dans les cœurs le sentiment naturel de la *Charité* ; c'est elle qui aiguise le fer, qui arme les hommes les uns contre les autres, et qui les entraîne dans d'épouvantables combats où ils se déchirent entre eux comme des bêtes féroces. Qui racontera les horreurs de la guerre? Les remparts les plus solides et les plus élevés tombent sous les coups des machines; les villes sont saccagées, les femmes violées, les enfants réduits en servitudes; le ravage et la désolation s'étendent jusque sur les champs et les arbres; il se fait un immense carnage de tous les hommes pleins de vie et de jeunesse; des ruisseaux de sang jaillissent des cadavres et inondent la terre. Que dire de plus?

« Parlerai-je des gémissements des veuves et des orphelins, pleurant leurs parents massacrés et leur liberté perdue?

« Il y a mille autres maux qu'il est impossible de comprendre dans les limites étroites d'un discours. Tous ces maux n'ont qu'une seule cause, qu'une seule source, la *soif du superflu*, l'inique CONVOITISE *du bien des autres*. Si l'on parvient jamais à *arracher cette passion du cœur humain*, rien ne s'opposera plus à ce que nous coulions des jours tranquilles au milieu d'une paix inaltérable, et notre vie sera enfin délivrée de toutes ces discordes, de tous ces bouleversements qui, aujourd'hui, la remplissent d'amertumes. Pourquoi donc tous les hommes ne s'empressent-ils pas de revenir aux sentiments naturels de l'amour et de l'amitié? »

Et c'est encore un évêque célèbre qui parle ainsi, une des autorités les plus respectées dans l'Église!

SALVIEN.

Savant Prêtre à Marseille, qui donne tous ses biens aux Pauvres, et qui prêche éloquemment contre l'Egoïsme et la Cupidité.

« On voit la *plupart des Riches*, » que dis-je? On voit *tous les Riches* accabler les Pauvres sous le poids des impôts établis par eux... Y a-t-il rien de plus indigne et de plus criminel que de ne pas faire supporter par tous une contribution qui doit être à la charge de tous? Bien mieux! ce sont les Pauvres qui se trouvent grevés des impôts des Riches; ce sont les plus faibles qui portent le fardeau des plus forts!... Quoi! ceux qui manquent de *propriété* en subissent les charges! Qui pourra qualifier cette iniquité? Les usurpateurs possèdent les biens des malheureux, et les malheureux paient l'impôt pour les usurpateurs!... Ce que je vais dire est pis encore : Les Riches ne craignent pas d'élever incessamment le chiffre des impôts qui doivent, en définitive, retomber sur les Pauvres. Mais, direz-vous, peut-être, les Riches, jouissant d'un revenu plus fort, supportent aussi une part plus forte des contributions, comment admettre, dès-lors, qu'ils consentent eux-mêmes à aggraver leur position? Je suis loin de convenir qu'ils aggravent leur position; car ils n'augmentent les charges publiques que parce que ce n'est pas pour eux qu'ils les augmentent... Chose étrange! c'est le plus grand nombre qui se trouve opprimé par le plus petit; les impôts deviennent la *proie* de quelques particuliers, pour lesquels le fisc n'est qu'un moyen d'accroître leurs fortunes privées. Il n'est pas de *Fonctionnaire*, depuis les premières autorités jusqu'au dernier des employés, qui ne commette de semblables exactions... En vérité, il semble que ce soit peu pour l'homme d'être heureux, si ses semblables ne gémissent dans la misère !...

« C'est aux Riches indistinctement que Dieu s'adresse par la bouche de saint *Jacques* ; c'est à eux qu'il ordonne de pleurer, qu'il prédit de grands maux et qu'il destine le *feu éternel*. Et pour leur mieux faire sentir la véritable cause de ses menaces, il ne leur parle ni d'homicides, ni d'adultères, ni d'impiétés sacriléges, ni même d'aucun de ces vices énormes qui frappent l'âme d'une mort éternelle ; mais il les condamne pour leurs *Richesses elles-mêmes*, pour leur injuste cupidité, pour leur soif insatiable de l'or. Il leur montre par là que ces richesses suffisent, sans aucun autre crime, pour vouer l'homme à une éternelle damnation. Quoi de plus simple ? Quoi de plus évident ? Il ne dit pas au Riche : tu seras torturé parce que tu es homicide ; tu seras torturé parce que tu es adultère : mais il lui dit : tu seras torturé par la raison seule que tu es Riche. »

« Quoi ! dira-t-on, une *Veuve* qui est Riche et qui se consacre à l'état de viduité, sans cependant renoncer à sa fortune ; une *Vierge* qui, après avoir fait vœu de chasteté, conserve sans tache la pureté de son corps ; un solitaire qui s'est voué au service de Dieu depuis sa plus tendre jeunesse ; un prêtre qui accomplit avec une scrupuleuse exactitude les devoirs de son ministère sacré ; quoi ! toutes ces personnes risquent-elles de perdre le fruit de leurs sacrifices et le bonheur éternel, si elles *retiennent* pendant leur vie l'intégralité de leurs fortunes, ou si à leur mort elles ne les distribuent point aux Pauvres ? Dans une question de cette nature, mon sentiment personnel a peu de poids sans doute, et il ne saurait faire autorité. Voyons donc ce que proclament à cet égard la langue des Ecritures sacrées et la voix des divins préceptes ; et alors nous prendrons pour base de notre opinion la règle établie par Dieu lui-même.

« Et d'abord, que personne ne s'imagine pouvoir s'autoriser de l'exemple des Anciens, sous prétexte que certains Riches vivant *sous la Loi* de Moïse ou *avant cette Loi* n'en ont pas moins été reconnus pour Saints. Car ce temps est *passé*, et la règle de conduite a été CHANGÉE. *Avant la Loi*, il était permis de posséder des Richesses et de travailler à en acquérir ; Dieu n'avait pas encore attaché de peine à cette action... Il en était à peu près de même *sous la Loi*, puisqu'elle laissait l'homme libre de posséder tout ce qu'il voulait, en se conformant aux règles du droit... Mais c'est en vain qu'on prétendrait aujourd'hui s'autoriser de la Loi de Moïse ; les anciennes règles ont fait leur temps, comme dit l'Apôtre, et elles ont été *renouvelées*... L'Apôtre ajoute : « Que ceux qui achètent soient comme *ne possédant point*, et que ceux qui usent de ce monde soient comme *n'en usant point*. » Remarquez comme ce Docteur envoyé de Dieu restreint toutes choses en deux mots, réduisant à rien la passion de posséder et l'envie d'acquérir... Combien ils sont éloignés de l'observation du précepte, ceux qui, loin de renoncer à leurs biens pendant leur vie, tiennent encore à les posséder après leur mort en la personne de leurs parents ! Combien ils sont éloignés de cette Charité qui ordonne de se déshériter soi-même pour l'amour de Dieu, ceux qui ne veulent pas même déshériter des étrangers dans l'intérêt de leur propre salut ! »

« C'est un *crime* en tout temps de *convoiter* les biens de la terre, car Dieu a dit : *tu ne convoiteras point*...

« De toutes les maladies de l'âme, la plus exécrable est la funeste passion de conserver ses Richesses. »

« Mais si la *conservation* des Richesses est déjà un grand mal, que devra-t-on dire du soin de les *augmenter?* Cependant est-il bien des Riches qui aient assez de modération pour se contenter de veiller à la conservation de leur fortune, sans chercher à l'accroître encore? O misère des temps! ô faiblesse du Clergé! L'Ecriture nous fait un crime de conserver nos Richesses, et nous considérons comme une vertu de ne pas les augmenter! »

« L'Ecriture dit d'abord : « Fais honneur de tes biens au Seigneur (dans la personne des Pauvres). » Puis elle ajoute : « Rends-lui ce que tu lui dois. » Ce qui signifie en d'autres termes : « Si tu as de la piété, *donne* ce que tu possèdes, comme si c'était réellement à toi ; si, au contraire, tu es impie, *rends* ce qui ne t'appartient pas. » L'Ecriture a parfaitement exprimé et la faculté de donner et la nécessité de payer. Et en effet, elle dit à tout homme : une œuvre sainte t'es proposée ; on t'y convie d'abord par la voie de la persuasion, mais ensuite on t'y contraint par la force. *Donne* de bonne grâce ; sinon *rends!* »

« Il ne s'agit point ici d'une *poignée* de croyants ; leur petit nombre aurait pu affaiblir l'autorité de leur exemple. Il s'agit d'une multitude considérable de Peuple ; et l'on en peut juger par ce qui nous est rapporté par les *Actes des Apôtres*, qu'au début même du Christianisme, *huit mille* hommes en deux jours se joignirent à la nouvelle Eglise, sans compter les femmes et les enfants. Combien donc chaque jour ne grossit-il pas le nombre des fidèles vivant en Communauté! »

« Si vous ne disposez pas de vos biens en faveur des Pauvres, c'est que vous *ne croyez point!* Non, vous ne croyez point!... Vous avez beau *soutenir le contraire*, vos actions démentent vos paroles!!! »

Et ce *Salvien*, était d'une si grande autorité dans l'Eglise. qu'on l'appelait *le Nouveau Jérémie* et *le Maître des Evêques.*

PÉLAGE ET LES PÉLAGIENS.

Pélage, *Moine* fameux, né en Angleterre, venu à Rome en 405, attaque l'inégalité, prêche l'Egalité et la Communauté en invoquant l'Evangile, réunit un très-grand nombre de partisans, surtout en Italie, en Sicile, en Afrique et en Orient. Aidé principalement de l'avocat *Célestus*, de l'écrivain *Amien* et d'un riche et puissant Patricien *Julien*, il répand un grand nombre d'écrits, organise une vaste Propagande au moyen de Disciples voyageurs qui parcourent l'Europe, l'Afrique et l'Asie, et commence une espèce de petite *Communauté* modèle, siège principal d'une *Ecole scientifique et religieuse*, qui prêche et pratique la *Pauvreté volontaire*, et qui s'adresse aux sommités de la Société Chrétienne.

Tout en combattant la doctrine Pélagienne comme une hérésie sur les questions du *Péché originel* et de la *Grâce*, saint Augustin rend publiquement hommage aux mœurs de Pélage et des Pélagiens et à leur avancement dans la perfection évangélique.

Suivant ce même Saint-Augustin, l'Ecole Pélagienne professe ce principe fondamental :

« Les Riches ne peuvent être *baptisé* qu'après avoir *renoncé* à toute espèce de *Propriété* ; si on leur voit accomplir quelques bonnes actions, il ne faut leur en attribuer aucun mérite ; car ils sont EXCLUS *du Royaume de Dieu.* »

Ainsi, d'après ce principe, le Riche ne peut être admis au baptême et reconnu Chrétien qu'à la condition de vendre et de donner ses biens à la communauté, conformément au commandement de J.-C. et des Apôtres.

Beaucoup d'Evêques, un Concile, un Pape se prononcent en faveur de Pélage : mais l'Egoïsme, la Cupidité, l'Intrigue triomphent encore dans l'Aristocratie et dans le Clergé, contre Pélage comme ils ont triomphé contre saint Chrysostôme ; et la puissance impériale intervient pour condamner la doctrine Pélagienne comme une hérésie, et pour déposer et chasser violemment les Evêques qui lui sont favorables.

Les Pélagiens qui entreprennent la Réforme sociale et la Communauté, en Occident, ne sont, en effet, que des imitateurs de saint Chrysostôme en Orient, comme celui-ci n'était qu'un imitateur de Jésus-Christ et des Apôtres : tous proclament qu'il est impossible d'être Chrétien et de conserver des richesses individuelles.

Du reste, les Pélagiens exercent une immense influence ; car ils poussent les populations vers les déserts pour les défricher et les cultiver en y fondant d'innombrables communautés.

Les *Pélagiens* publient, sous le titre *Livre des Richesses*, un ouvrage attribué au pape *Sixte III*, dans lequel on combat l'inégalité des biens.

Le livre professe même la communauté.

Saint Sixte III (Pape).

« L'avarice, racine de toutes les misères, est complétement arrachée de la Communauté, et par suite tous les bons sentiments peuvent facilement s'y propager. La concorde y rallie profondément les hommes, parce que tous les éléments de division ont disparu. Ces tristes et froides paroles le *mien* et le *tien*, cause des dissensions et des guerres qui ensanglantent la terre, sont entièrement bannies de cette Société. Les pauvres n'y portent pas envie aux riches. Les riches n'y méprisent pas les pauvres, car il n'y a *ni Pauvres ni Riches*. Tout y est mis en commun. »

Voilà bien la Communauté et ses avantages ! — Et cette Communauté est instituée par la Nature elle-même ; car écoutez !

« Le riche jouit-il d'une plus grande quantité de *chaleur solaire* que l'indigent?

« Tombe-t-il un plus grand nombre de gouttes de *pluie* sur le domaine du puissant que sur le champ du petit laboureur?

« La *lune* et les *étoiles* émettent-elles un plus grand nombre de rayons lumineux sur l'opulent que sur l'indigent?

« Ainsi, ces richesses naturelles qui ne dépendent pas des institutions humaines, mais dont la répartition appartient à Dieu seul, sont *communes à tous.*

« Et les choses soumises au libre arbitre de l'homme sont les seules qui se trouvent partagées avec injustice et inégalité.

« Il est donc évident que le partage inégal des richesses ne saurait être imputé à Dieu, et qu'il est le résultat du CRIME, de l'iniquité des hommes.

« Comment oserait-on accuser la divine Providence d'avoir établi une inégale répartition dans les richesses de moindre valeur, lorsqu'elle voulait que les hommes jouissent *en commun* des richesses les plus importantes ? »

« Si Dieu avait voulu sanctionner cette *inégalité*, tous les objets de sa munificence auraient été soumis à une telle loi.

« Il n'aurait pas permis que l'égalité régnât dans la possession des choses d'une haute importance, et l'inégalité dans celle d'une moindre valeur. Et ceux qui se trouvaient destinés à être inégaux par la propriété des richesses n'auraient pas dû avoir la même part dans la jouissance des *cieux*, de la *terre* et de tous les *éléments.*

« Nos habitudes naturelles dans l'usage des éléments qui dépendent du don de Dieu, et non de la volonté de l'homme, vont nous apprendre quel est le mode de *répartition* propre aux richesses d'origine divine.

Ainsi, c'est la Nature et Dieu lui-même qui établit la Communauté. — Et voyez par quels funestes moyens se détruit la Communauté naturelle pour laisser établir la richesse individuelle !

« Il est à peu près impossible que la Richesse puisse s'acquérir sans qu'elle soit accompagnée de toutes sortes de crimes et d'actes immoraux : c'est ce que le sage ne contestera pas.

« Voulez-vous devenir Riche, au préalable, rendez-vous apte au mensonge, au vol, à la fraude, à l'infidélité, à la rapine, à la violence, à l'adultère même si cela est utile. »

« C'est avec raison que le Seigneur a condamné l'acquisition des Richesses, parce qu'il la considérait comme la *source unique* de toute *cupidité.*

« Quel est l'homme prudent et sage qui ne considère la cupidité comme l'origine de tous les maux, la racine de tous les crimes, la cause de toutes les fautes, la substance même de toutes les mauvaises actions ?

« C'est la cupidité qui est cause qu'aucun lieu de la terre ni de la mer n'est habité avec sécurité ni traversé sans crainte par les voyageurs.

« C'est la concupiscence qui peuple les mers de pirates, les campagnes de brigands, les villes et les villages de voleurs, et la terre entière de ravisseurs de toute espèce.

« Intrigues, rapines, mensonges, faux témoignage, fraude, impiété, cruauté, et l'ensemble des scélératesses les plus monstrueuses, on ne recule devant aucune de ces nécessités infâmes pour satisfaire des instincts dépravés.

« C'est afin de pouvoir se livrer à ces sordides inclinations que l'on souille la terre de sang, que l'on spolie les Pauvres, qu'on opprime le misérable (ou le Prolétaire), et que l'on n'épargne ni la veuve ni l'orphelin.

« Ainsi, les mœurs se corrompent, les âmes sont violentées, et toutes les bonnes inclinations se pervertissent.

« Où trouver un Riche sans *arrogance,* sans *faste* et sans *orgueil ?*

« Quel est l'homme qui, lorsqu'il était pauvre, se faisait remarquer par l'humilité, la patience, la douceur, la bienveillance, et qui, aussitôt qu'il devient Riche, ne se laisse, à l'instant même, dominer par la suffisance, l'orgueil, la colère et l'emportement ?

« L'homme opulent perd le souvenir de la fragilité de sa condition, et comment n'en serait-il pas ainsi ? Aveuglé par le faste et l'arrogance, il en vient à oublier qu'il est homme, et il ne croit plus avoir d'égaux.

« Il se déclare *le meilleur,* lui misérable assiégé de maux qu'on ne saurait compter ; *esclave de péchés* dont le nombre ne peut s'évaluer que par la quantité même de ses richesses.

« Ce n'est donc pas en vain que Dieu, dans l'ensemble des Saintes Écritures, proscrit la *cupidité* comme *l'origine de tous les crimes,* et que, voyant le Riche comprimé sous le faix de tant de misères morales, il déclare qu'il lui est *impossible de travailler à son salut.* Le chameau, dit le Seigneur, entrera plus facilement par le trou d'une aiguille que le Riche dans le Royaume des Cieux. »

On aurait beau faire, qui peindrait mieux aujourd'hui les déplorables conséquences de l'Egoïsme et de la Cupidité ? Et voyez comme les Pélagiens pulvérisent les objections !

« Arrivons maintenant à cette fameuse objection, que nous adressent des personnes qui prennent les dehors de la piété, afin d'attaquer plus facilement les préceptes *les plus essentiels* du Christianisme.

« On dit : Si tout le monde, sans exception, se dépouille de tout son avoir, où pourra-t-on se procurer les moyens sans lesquels il n'y a plus d'actes de charité et de miséricorde possibles ?

« Comment recevoir les Pauvres ? leur donner l'hospitalité ? Avec quoi rassasier ceux qui ont faim ? Avec quoi donner à boire à ceux qui ont soif, si la Richesse a disparu de partout ?

« On donne ainsi une grande preuve de piété, en faisant passer les besoins des Pauvres avant les devoirs à rendre à Dieu.

« Plût au ciel que, sous ces dehors de piété, il fût réellement question de la cause du Pauvre et non de la défense de la Richesse !

« Quand voudra-t-on comprendre enfin que le grand nombre est dans l'indigence et la misère, parce que certains possèdent le superflu ? Que les Riches disparaissent, et la Pauvreté disparait en même temps.

« *Que nul ne possède rien au delà du nécessaire, et tous auront le nécessaire.*

« Il suffit de l'existence d'un *petit nombre* de Riches pour créer une *multitude innombrable* de Pauvres. »

Oui, c'est là l'éternelle Vérité! C'est pourquoi Jésus-Christ condamne perpétuellement la Richesse!....

« Vouloir être Riche lorsque le Christ a voulu vivre dans la Pauvreté ; ambitionner le pouvoir et la domination, alors que le Christ ne s'est pas élevé au-dessus de la condition des esclaves, n'est-ce pas le comble de l'arrogance et de l'orgueil ? Il est écrit : « Soyez dans la même « disposition et les mêmes sentiments où à été Jésus-Christ qui, ayant « la forme et la nature de Dieu, n'a pas cru que ce fût pour lui une « usurpation d'être égal à Dieu, mais qui s'est anéanti lui-même en se « rendant semblable aux hommes, et étant reconnu comme homme « par tout ce qui a paru de lui au dehors. » (Paul, Épître aux Philip., II, 5 à 7.)

« Celui qui se dit Chrétien fait profession d'être Disciple du Christ ; celui qui est Disciple du Christ doit imiter les actes de son Maître, et l'on doit retrouver le Maître aussi bien à l'extérieur que dans les idées et la conversation du Disciple.

« Quelle est l'image du Christ dans la personne du Riche ?... Quelle ressemblance établir entre l'opulence et le dénûment ?... Quel rapport y a-t-il entre l'humilité de l'un et l'arrogance de l'autre ?

« En quoi les mœurs du Riche ressemblent-elles aux mœurs de Jésus-Christ ?

« D'un côté je vois abaissement, humilité, douceur, patience, mépris de la gloire, compassion pour les Pauvres ; de l'autre, arrogance, orgueil, colère, emportement, amour de la vaine gloire, haine des Pauvres.

« Certains Riches, dominés par l'ambition et le faste, recherchent le pouvoir politique et parviennent, comme magistrats, à siéger sur ces tribunaux devant lesquels le Christ fut obligé de comparaître pour y faire entendre sa défense.

« O manifestation intolérable de l'orgueil humain !... L'esclave s'assoit là où le Christ est condamné à rester debout sur ce tribunal. Le Riche rend ses jugements et le Christ entend prononcer sa sentence.

« Est-ce là agir en Disciple du Christ! Reconnaît-on l'image du Riche dans une telle conduite? L'un se tient humblement devant le tribunal; l'autre, enflé d'orgueil, s'asseoit avec arrogance sur le siége du haut duquel il prononce ses arrêts.

« Le Riche interroge et le Christ est obligé de répondre. L'un rend présomptueusement des sentences, el l'autre, *quoique innocent*, est déclaré *coupable*. »

Oui, pour imiter Jésus-Christ, il faut renoncer aux Richesses! Impossible, absolument impossible de *rester Riche* et d'être *Disciple de Jésus-Christ!*...

Saint Grégoire-le-Grand (Pape).

Né à Rome, fils d'un riche Sénateur, d'abord lui-même Préteur ou Chef de la Justice romaine, il quitte sa grandeur et son opulence pour se vouer à la vie Chrétienne, fonde sept monastères, donne tous ses biens aux Pauvres, il est élu Pape en 590.

« Ce n'est pas assez de ne pas ravir le bien d'autrui ; en vain ceux-là se croient innocents qui *s'approprient à eux seuls* les biens que Dieu a rendu COMMUNS. En ne donnant pas aux autres ce qu'ils ont reçu, ils deviennent *meurtriers* et *homicides;* parce que retenant pour eux seuls le bien qui aurait soulagé les Pauvres, on peut dire *qu'ils en tuent tous les jours autant qu'ils en auraient pu nourrir.* »

Et cette opinion, c'est celle d'un *Pape,* déclaré *Saint*, surnommé *le grand,* auteur d'un livre célèbre sur la *Morale!*

De tout ce qui précède il résulte que le *Communisme Icarien* n'est rien autre chose que le *Christianisme.*

A toutes ces autorités anciennes, nous joignons deux lettres récemment écrites par deux Prêtres à M. Cabet :

Lettre d'un Prêtre à M. Cabet.

« Cette fois, c'est un *Prêtre* qui vous écrit, non pour vous injurier, comme beaucoup d'entre eux le font (les aveugles), mais au contraire pour vous féliciter d'avoir été *choisi par la Providence* pour être le deuxième *révélateur de la vérité sociale et religieuse,* dont notre Seigneur J.-C. fut le premier. C'est aussi pour vous encourager dans la voie que vous avez choisie pour conduire *ce pauvre peuple à la Terre promise*, à la nouvelle Jérusalem, à la réalisation terrestre du royaume de Dieu par la *propagande pacifique, la moralisation des masses et l'exaltation de la fraternité évangélique* tant oubliée de nos jours, foulée aux pieds par ceux-là mêmes qui devraient en faire leur couronne de gloire, l'inscrire en caractères indélébiles sur leur bannière, sur le fronton des temples et dans le cœur des enfants de Dieu soumis à leur direction.

« Je connais plusieurs de mes confrères qui, comme moi, vous portent une estime profonde et brûlent d'envie de concourir au même but, en unissant tous leurs efforts aux vôtres ; mais, hélas ! vous le savez, une implacable nécessité tient continuellement nos convictions refoulées au fond du cœur et ne permet leurs manifestations qu'autant qu'elles s'accordent essentiellement avec le dogme auquel nous sommes voués d'une manière absolue.

« Mais si nous ne pouvons ouvertement ni coopérer à votre œuvre, ni même vous aider de notre assentiment, du moins, dans le secret de notre conscience, nous formons les vœux les plus sincères, et nous adressons au ciel les plus ferventes prières pour qu'il continue de vous accorder *le courage, la patience et la fermeté nécessaires* à l'accomplissement de votre *mission régénératrice.*

« Oui, digne apôtre de Jésus-Christ, nous le reconnaissons avec vous, le Communisme, tel que vous le prêchez, tel que vous le répandez dans le Peuple, à l'imitation de notre divin maître, est le seul, le vrai Christianisme, la pure et sainte doctrine qu'il mettait lui-même en pratique avec ses disciples, et dont il voulait faire la base primordiale de toute Société humaine. Aussi, nous l'avouons sincèrement, tout chrétien qui vous repousse est en opposition avec son principe ; et c'est dans l'ignorance, la fourberie et le fanatisme, qu'il faut chercher la cause de cette répulsion, à moins cependant qu'il ne soit comme moi soumis à un joug de fer, qui ne laisse aucune liberté d'action ni d'opinion, mais qui ne peut néanmoins m'empêcher de vous vouer autant de respect que d'admiration.

« X...., prêtre du diocèse de Paris. »

Nous ne pouvons accepter rien de ce que renferme de trop flatteur cette lettre que nous croyons dictée par une bienveillance sincère ; nous ne sommes que l'un des DISCIPLES les plus conséquents de celui qui a fixé pour toujours la route et la destinée de l'Humanité, en proclamant le principe fondamental, générateur et libérateur de la FRATERNITÉ ; mais que sont les préventions, les dédains affectés, les imprécations même de quelques aveugles, en présence de tant d'affection que nous témoigne une masse de travailleurs et de tant d'estime que vient de nous exprimer un véritable prêtre de l'Evangile ?

Lettre d'un autre Prêtre.

Dans une lettre qu'un *prêtre* nous a écrite, se trouve le passage suivant :

« Laissez-moi vous dire combien je vous suis reconnaissant comme chrétien et comme prêtre, du zèle que vous avez déployé, du courage que vous avez montré dans votre glorieux apostolat au milieu des Ouvriers. Vous leur avez fait connaître l'admirable doctrine de l'Évangile qu'ils n'avaient pu apprécier que par les plaisanteries peu spirituelles de l'ancien *Constitutionnel*. Je ne crains pas de soutenir que la sublime modération que le Peuple a montrée pendant les journées de Février, que le respect qu'il a témoigné pour le clergé et la religion, *sont dus*, en grande partie, *à vos constants et généreux efforts....* »

Et c'est un prêtre que nous ne connaissons pas, qui nous rend ainsi justice !

N'est-il pas immense le service que, selon lui, nous avons rendu au Peuple et à la Société ?

Ce service ne devrait-il pas nous concilier au moins l'estime, pour ne pas dire la reconnaissance publique ?

Et l'on nous accable d'outrages et de calomnies en nous menaçant de persécution et peut-être de proscription.

Eh bien! rien ne nous fera rétrograder dans notre voie de dévoûment ; mais nous prenons acte de ces faits pour les prévenir désormais s'il est possible, et nous le déclarons hautement, ces calomnies, ces persécutions sont une iniquité et une honte pour l'époque actuelle.

CABET.

TABLE DES MATIÈRES.

FIN DE LA TABLE.